　本書は、世界最大のニュース専門メディアCNNの放送から、短い英語ニュースを20本選りすぐって収録したものです。1本は、集中力を切らさずに聞き通せる、30秒ほどの長さになっています。

　ダウンロード方式でご提供するMP3音声には、CNNの放送そのものである「ナチュラル音声」のほか、ナレーターがゆっくり読み直した音声が「ポーズ（無音の間）入り」と「ポーズなし」で収められています。これら3パターンの音声を使ってリスニング練習を行うと、世界標準のニュース英語がだれでも聞き取れるようになるはずです。［30秒×3回聞き］方式と本書が呼ぶこのリスニング練習には、通訳者養成学校でも採用されているサイトトランスレーションや区切り聞き、シャドーイングといった学習法が取り入れられているからです。

　日本語訳を見て英語に戻す「反訳」を行うことで、発信型の練習もできます。

　巻頭に「3つの効果的な学習法」および「本書の構成と使い方」という記事があるので、実際の練習に入る前に目を通しておくことをお勧めします。

　なお、アメリカ英語（カナダ英語を含む）、イギリス英語、オーストラリア英語のニュースがバランスよく配分されていることも本書の特長です。発信地も、アメリカとイギリスはもとより、スイス、イタリア、ドイツ、インド、チリ、日本など多彩ですから、最後まで興味深く聞き進められるでしょう。

　TOEIC®テスト形式の問題や発音の解説、重要ボキャブラリーやニュースの関連情報なども掲載されています。活用し、より正確な理解の助けとしてください。

　また、本書のご購入者にはMP3音声と併せて電子書籍版(PDF)も無料で提供させていただきます。入手方法は巻末にありますので、ご覧ください。

　最後に、本書収録のコンテンツは月刊英語学習誌『CNN English Express』の記事・音声を再編集したものであることをお知らせしておきます。新鮮なニュースと役立つ学習情報満載の雑誌は、本書と並行してご使用～ ～ただいても有益です。

2024年3月
『CNN English Express』編集部

CONTENTS

　本書は「30秒×3回聞き」方式を採用しています。これによって、だれでも世界標準の英語ニュースが聞き取れるようになるはずです。

　「30秒×3回聞き」方式とは、30秒という集中力が途切れない長さのニュースを、3種類の音声で聞くというものです。そのためダウンロード方式でご提供するMP3音声には、各ニュースが「ナチュラル音声」、「ゆっくり音声（ポーズ入り）」、「ゆっくり音声（ポーズなし）」という3種類で収録されています。また、文字としてもそれらに対応する形の英文が掲載されています。

　これらの音声や英文は、ただ単に聞いたり読んだりするのではなく、以下に示すサイトトランスレーション、区切り聞き、シャドーイングという3つの学習法と結びつけることで高い効果を生むようになっています。

❶速読能力が高まるサイトトランスレーション

　俗に「サイトラ」と呼ばれます。英語でつづるとsight translationです。sightは、名詞として「視力、視覚」、形容詞として「見てすぐの、初見での」という意味を持ちます。目にしたところからすぐに訳していくのがsight translationです。

　サイトラの練習では、英文を頭から語順通りに目で追い、情報・意味の区切り目と思われる個所にスラッシュ（／）を書き入れ、区切られた部分をすぐに訳します。それを英文の最後まで次々と繰り返すのですが、こうした訳し方を「順送りの訳」と呼ぶこともあります。

　なお、英文をどのくらい細かく区切るか、どこを情報・意味の区切り目としてスラッシュを入れるかは人それぞれでよく、絶対的なルールがあるわけではありません。

利点・効能｜サイトラを行うと、書かれた英文がその語順通りに理解できるようになり、自然と「速読」に結びつきます。そして、英文を素早く理解できるようになるということは、英文を英文としてそのまま理解できるということにつながっていきます。また、「読んで分からないものは聞いても分からない」という原則に従えば、サイトラの速読能力が「区切り聞き」で養う速聴能力の土台になるといえます。

本書での学習法｜本書では、各ニュースに、普通の英文とスラッシュで区切られた

英文、およびそれらの訳文を掲載しています。まずはスラッシュで区切られた英文を順番にどんどん訳していき、掲載の訳文で正しく理解できたか確認しましょう。

　本書で示されたスラッシュの入れ方や訳文はあくまで一例です。これに従ってしばらく練習しているとサイトラのやり方が感覚的につかめてきますので、やり方が分かったら、普通の英文を自分なりの区切り方で訳してみると、よい練習になります。また、区切られた日本語訳の方を見ながら順番に英語に訳していく「反訳」（日→英サイトトランスレーション）を行うと、英語での発信能力が格段に向上します。

練習のポイント ｜ サイトラはなるべく素早く行うことが大切です。英文は「読んだ端から消えていくもの」くらいに考えて、次々と順送りの訳をこなしていきましょう。そうしているうちに読むスピードが速くなるはずですし、区切り聞きにもつながります。

❷速聴能力が高まる区切り聞き

　サイトラをリスニングのトレーニングに応用したのが、「区切り聞き」と呼ばれる学習法です。サイトラでは英語が目から入ってきましたが、区切り聞きでは英語が耳から入ってくることになります。

　区切り聞きの場合、英文にスラッシュを入れる代わりに、情報・意味の区切り目と思われる個所でオーディオプレーヤーを一時停止させ、すぐに訳します。その部分を訳し終えたら再び音声を先に進め、同様の作業を繰り返していきます。

利点・効能 ｜ 区切り聞きを行うと、話された英文がその語順通りに理解できるようになり、自然と「速聴」に結びつきます。そして、英文を素早く理解できるようになるということは、英文を英文としてそのまま理解できるということにつながっていきます。

本書での学習法 ｜ だれでも英語ニュースが聞き取れるようになるよう、本書では区切り聞き練習を重視しています。ご提供するMP3音声に収録されている「ゆっくり音声（ポーズ入り）」を利用することで、オーディオプレーヤーを自分でいちいち一

時停止させる面倒がなくなり、区切り聞きがしやすくなっています。ポーズ（無音の間）の位置はサイトラのスラッシュと同じにしてありますが、ポーズで区切られた部分を素早く訳していきましょう。

MP3音声には、各ニュースが「ナチュラル音声」、「ゆっくり音声（ポーズ入り）」、「ゆっくり音声（ポーズなし）」の順番で入っています。まずは「ナチュラル音声」を聞いて全体の内容を推測し、次に「ゆっくり音声（ポーズ入り）」を使った区切り聞きで部分ごとに順番に理解できるようになり、その後「ゆっくり音声（ポーズなし）」で全体を頭から素早く理解していくことができるかどうか試してみてください。

なお、最後には、全ニュースのナチュラル音声だけを集めて、もう一度収録してあります。これらを頭から素早く理解していけるようになるのが最終目標です。

練習のポイント │ 音声は流れる端から消えていってしまいます。英文を後ろから前に戻って理解するなどということはできないため、耳に入った文を瞬時に理解する英語力と集中力が求められます。このトレーニングによってリスニング力は必ず向上するので、集中力を高める訓練をするつもりで挑戦してみましょう。

特にニュースを聞く場合、背景知識があると情報がすんなりと頭に入りますから、日ごろからいろいろな記事について興味を持っておくことも大切です。本書には「ニュースのミニ知識」や「ワンポイント解説」が掲載されているので、役立ててください。

英文は論理的と言われますが、特にニュースでは、全体の起承転結の流れはもちろん、ひとつのセンテンスの中でも、「①だれ（何）が ②だれ（何）に対して ③何を ④いつ ⑤どこで」という情報がかなり秩序だって含まれています。このような情報を意識して聞くと、リスニングも楽になります。

❸総合力を養うシャドーイング

シャドーイングは英語でshadowingとつづります。shadowという語には動詞として「影のように付いていく」という意味がありますが、学習法としてのシャドーイングは、聞こえてくる英語音声を一歩後から追いかけるようにリピートしていくものです。オリジナルの英語音声に遅れないように付いていく様子が「影」のようなの

で、こう名づけられました。

利点・効能 | シャドーイングは、今聞いた音声をリピートしながら、同時に次の音声のリスニングも行うというものなので、アウトプットとインプットの同時進行になります。そのため同時通訳のトレーニングとして普及しましたが、一般の英語学習者にも有益であることがいろいろな研究で認められています。

　通常のリスニング練習は学習者が音声を聞くだけ、すなわち受動的なやり方であるのに対し、シャドーイングは学習者の参加を伴うもの、いわば能動的な学習法です。この能動的な学習法は、受動的なものに比べ、よりいっそう集中力を高める訓練になり、リスニング力を向上させます。また、正しい発音やイントネーションを身につける訓練にもなり、ひいてはスピーキング力を高めるのにも役立ちます。

本書での学習法 | シャドーイングは難易度の高い学習法なので、「ナチュラル音声」でいきなり練習するのではなく、最初は「ゆっくり音声（ポーズなし）」を利用するのがよいでしょう。それでも難しいと感じる人も多いでしょうから、「ゆっくり音声（ポーズ入り）」から始めるのも一案です。ポーズが入った音声を用いるのは本来のシャドーイングとは違うという考え方もありますが、無理をして挫折することのないよう、できることから始めてください。

練習のポイント | シャドーイングでは、流れてくる音声を一字一句リピートしなければならないため、ひとつひとつの単語に神経を集中するあまり、文全体の意味を把握できなくなることがよくあります。きちんと論旨を追いながらトレーニングすることが大切です。

　ただし、区切り聞きのように日本語に順次訳していこうと思ってはいけません。英語を正確に聞き取り、正確な発音とイントネーションでリピートしようとしているときに、頭の中に日本語を思い浮かべていては混乱するだけだからです。シャドーイングには、区切り聞きから一歩進んで、英語を英語のまま理解する力が必要になってきます。

　もしも英語でのシャドーイングがどうしても難しすぎるという場合は、まず日本語でシャドーイングする練習から始めてみましょう。

本書では各ニュースに２見開き（４ページ）ずつ割り振ってありますが、それぞれの見開きは以下のように構成されています。

パターンA

① MP3音声のトラック番号

ダウンロード方式でご提供するMP3音声には、各ニュースが「ナチュラル音声」、「ゆっくり音声（ポーズ入り）」、「ゆっくり音声（ポーズなし）」という３種類で収録されています。また、MP3音声の最後には、全ニュースのナチュラル音声だけを集めて、もう一度収録してあります。これらのうち「ゆっくり音声（ポーズ入り）」を除いたトラック番号が最初の見開きに示されています。「ゆっくり音声（ポーズ入り）」のトラック番号は次の見開きにあります。

なお、「ナチュラル音声」はCNNの放送そのままですが、「ゆっくり音声」は学習用にプロのナレーターが読み直したものです。

② アクセント

「ナチュラル音声」のアクセント、すなわちCNNキャスターのアクセントを表しています。本書は、アメリカ英語（カナダ英語を含む）のニュース10本、イギリス英語のニュース５本、オーストラリア英語のニュース５本をピックアップし、アクセント別に構成してあります。これらのアクセントはTOEIC® L&Rテストのリスニングセクションにも採用されているので、受験対策としても役立ちます。

なお、「ゆっくり音声」のナレーターは基本的にアメリカ英語です。

③ ニュースのトランスクリプト

「ナチュラル音声」で30秒前後の短いCNNニュースのトランスクリプト（音声を文字化したもの）です。重要ボキャブラリーで取り上げている語には色をつけてあります。

④ リスニングのポイント

このニュースに見られる音の変化や発音の特徴などが解説されています。アメリカ英語の最初のニュース２本およびイギリス英語とオーストラリア英語の最初のニュースだけに付いている記事です。

⑤ ニュースの日本語訳

③のトランスクリプトに対応した日本語訳です。

⑥ 重要ボキャブラリー

各ニュースから５つずつ取り上げています。ニュースの文脈の中で使い方やニュアンスをつかみながら、ボキャブラリーを増やしていきましょう。なお、巻末には「ボキャブラリー・チェック」が付いていますので、復習に利用してください。

⑦ ニュースのミニ知識

このニュースの背景や関連情報が記載されています。背景知識があると、英語を聞いたときに情報がすんなりと頭に入ります。

⑧ ニュースの発信地

ニュースの舞台となっている国・地域または団体・組織などを示します。

最初の見開き

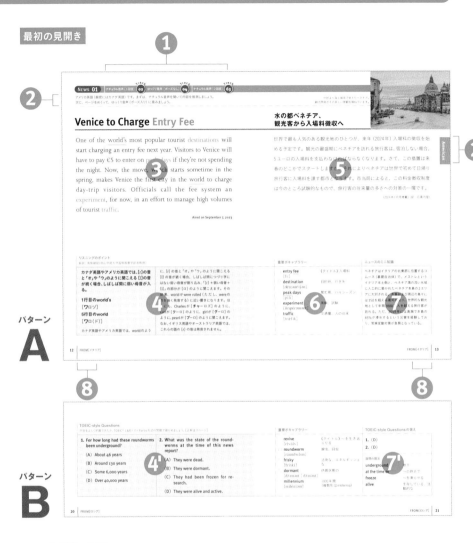

パターンA

パターンB

パターンB

④ TOEIC-style Questions

ニュースの内容が理解できたかどうかを確かめる問題です。TOEIC®L&Rテスト Part 4と同じ4択形式です。全20本のニュースのうち、アメリカ英語の最初の2本とイギリス英語・オーストラリア英語の最初の各1本を除いた、16本のニュースに付いています。

⑦ TOEIC-style Questionsの答え

④の問題の答えです。設問の語注も掲載されています。

① MP3音声のトラック番号

「ゆっくり音声 (ポーズ入り)」のトラック番号が示されています。

② アクセント

「ゆっくり音声」のナレーターは基本的にアメリカ英語ですが、ここに示されているのは「ナチュラル音声」のアクセント、すなわちCNNキャスターのアクセントです。

③ ニュースのトランスクリプト

トランスクリプト (音声を文字化したもの) にサイトトランスレーション用のスラッシュを入れ、そこで改行してあります。また、MP3音声の「ゆっくり音声 (ポーズ入り)」では、スラッシュのところでポーズ (無音の間) が挿入されています。

このトランスクリプトや音声を利用して、サイトトランスレーションや区切り聞き、シャドーイングなどの練習をしましょう。やり方については「3つの効果的な学習法」のページ (pp.4-7) を参照してください。

④ 語注

ニュース中の単語やイディオムなどをピックアップし、意味を示しました。前の見開きで「重要ボキャブラリー」に取り上げた語も、ここに再度記載しています。全ニュースの語注が巻末の「ボキャブラリー・チェック」にまとめられているので、復習に利用してください。

⑤ ニュースの日本語訳

スラッシュで区切られた、③のトランスクリプトに対応した日本語訳です。この日本語訳の方を見ながら順番に元の英語に訳していく「反訳」(日→英サイトトランスレーション) を行うと、英語での発信能力が格段に向上します。

⑥ ワンポイント解説

分かりにくい個所の文法的な解説やニュースの関連知識など、ニュースをより正確に理解するのに役立つ情報が記載されています。

後の見開き

区切り聞き／シャドーイング

ゆっくり音声の適切な箇所にポーズ（無音の間）が入れてあります。区切り聞きしてみましょう。また、ポーズのところで、直前に聞き取った英語を自分で声に出すシャドーイング練習をしてみよう。自信がついたら、ポーズなしのゆっくり音声で、さらにはナチュラル音声でも練習してみてください。

ゆっくり音声［ポーズ入り］ 03

[反訳]日→英サイトトランスレーション

ポーズのところで区切った日本語訳です。区切り聞きした英語の意味を確認しましょう。日本語を見てから区切られた部分ごとに英語に言い換える「反訳」の練習［日→英サイトトランスレーション］をすれば発信型の英語力がアップします。

One of the world's most popular tourist destinations/
will start charging an entry fee next year.//

世界で最も人気のある観光地のひとつが/
来年、入場料を徴収し始める予定だ。//

Visitors to Venice will have to pay €5/
to enter on peak days/
if they're not spending the night.//

ベネチアへの訪問客は5ユーロを払わなければならなくなる/
最盛期に入るのに/
もし彼らが一泊しない予定なら。//

Now, the move, which starts sometime in the spring,/
makes Venice the first city in the world/
to charge day-trip visitors.//

さて、この措置は（2024年の）春のある時点でスタートするが/
ベネチアを世界で初めての都市にする/
日帰り訪問客に課金するということで。//

Officials call the fee system an experiment, for now,/
in an effort to manage high volumes of tourist traffic.//

市当局は、この料金制度は今のところ試験的なものとしている/
観光客の往来の多さに対処するための。//

語注

charge:
《アイ》（代金を）課する

entry fee:
《エイ》入場料

destination:
目的地、行き先

peak days:
繁忙期、ハイシーズン

spend the night:
一泊を過ごす、泊まる

move:
措置、手立て

day-trip:
日帰りの

official:
（政府機関などの）職員

call A B:
AをBと呼ぶ、みなす

experiment:
実験、試み

now:
今、さしあたって

in an effort to do:
〜しようとするための、〜する努力の一環として

high volumes of:
多量の、大量の

traffic:
交通量、人の行き来

ワンポイント解説

￥1行目の通貨単位 euro の複数形は euros. euros の2通りの形がある。

￥7〜8行目は (make O C) (OをCの状態にする) の形。C には名詞や形容詞（形容詞の場合は「O を...の状態にする」という意味の文になることが多い）。今回は the first city...visitors という名詞句になっている。

ベネチアでは近年、オーバーツーリズムも問題になっている。運用には本土より、ゴンドラあふれる観光客が多く、夏場には悪天候の影響も見られ、住民たちとの摩擦の高まり、町並の悪化、交通の混雑や学校化が性化し人口減少が進んでいる。ユネスコ（国連教育科学文化機関）は観光開発と自然災害で文化的価値を失おうとしているベネチアの「危機遺産」登録を検討していた。

次ページからニュースが始まります➡

アメリカ英語（厳密にはカナダ英語）です。まずは、ナチュラル音声を聞いて内容を推測しましょう。
次に、ページをめくって、ゆっくり音声（ポーズ入り）に進みましょう。

Venice to Charge Entry Fee

One of the world's most popular tourist destinations will start charging an entry fee next year. Visitors to Venice will have to pay €5 to enter on peak days if they're not spending the night. Now, the move, which starts sometime in the spring, makes Venice the first city in the world to charge day-trip visitors. Officials call the fee system an experiment, for now, in an effort to manage high volumes of tourist traffic.

Aired on September 7, 2023

リスニングのポイント
解説：南條健助（桃山学院大学国際教養学部准教授）

カナダ英語やアメリカ英語では、[r]の音と「オ」や「ウ」のように聞こえる [l]の音が続く場合、しばしば間に弱い母音が入る。

1行目のworld's
[ワロヅ]
5行目のworld
[ワロ（ド）]

カナダ英語やアメリカ英語では、worldのよう に、[r] の音と「オ」や「ウ」のように聞こえる [l] の音が続く場合、しばしば間につづり字にはない弱い母音が割り込み、「[r] ＋弱い母音＋ [l]」の部分が [ロ] のように聞こえます。その結果、world が were rolled（ただし、were の方を強く発音する）に近い響きになります。ほかにも、Charles が [**チャー**ロズ] のように、curl が [**クー**ロ] のように、girl が [**グー**ロ] のように、pearl が [**プー**ロ] のように聞こえます。なお、イギリス英語やオーストラリア英語では、これらの語の [r] の音は発音されません。

中世より海上貿易で栄えたベネチア。
観光開発がその美しい景観を損ねています。

水の都ベネチア、
観光客から入場料徴収へ

世界で最も人気のある観光地のひとつが、来年（2024年）入場料の徴収を始める予定です。観光の最盛期にベネチアを訪れる旅行客は、宿泊しない場合、5ユーロの入場料を支払わなければならなくなります。さて、この措置は来春のどこかでスタートしますが、それによりベネチアは世界で初めて日帰り旅行客に入場料を課す都市となります。市当局によると、この料金徴収制度は今のところ試験的なもので、旅行客の往来量の多さへの対策の一環です。

（2024年1月号掲載）（訳　石黒円理）

重要ボキャブラリー

- [ ] **entry fee** 《タイトル》入場料
  [fíː]
- [ ] **destination** 目的地、行き先
  [dèstənéiʃən]
- [ ] **peak days** 繁忙期、ハイシーズン
  [píːk]
- [ ] **experiment** 実験、試験
  [ikspérəmənt]
- [ ] **traffic** 交通量、人の往来
  [trǽfik]

ニュースのミニ知識

ベネチアはイタリアの北東部に位置するコムーネ（基礎自治体）で、メストレというイタリア本土側と、ベネチア湾の浅い水域に人工的に築かれたベネチア本島の2エリアに大別される。本島および周辺の島々には150を超える運河が走り、世界的な観光地として年間2000万人を超える旅行客が訪れる。ただ、2019年には高潮で本島の85％が浸水するという災害を経験しており、気候変動対策が急務となっている。

ゆっくり音声の適切な個所にポーズ（無言の間）が入れてあります。区切り聞きしてみましょう。
また、ポーズのところで、直前に聞き取った英語を自分で声に出すシャドーイング練習をしてみましょう。
自信がついたら、ポーズなしのゆっくり音声で、さらにはナチュラル音声でも練習してみてください。

One of the world's most popular tourist destinations/
will start charging an entry fee next year.//

Visitors to Venice will have to pay €5/
to enter on peak days/
if they're not spending the night.//

Now, the move, which starts sometime in the spring,/
makes Venice the first city in the world/
to charge day-trip visitors.//

Officials call the fee system an experiment, for now,/
in an effort to manage high volumes of tourist traffic.//

語注

charge:《タイトル》（代金を）請求する	**spend the night:** 一夜を過ごす、泊まる	**call A B:** AをBと呼ぶ、見なす	**in an effort to do:** 〜しようとする中での、〜する努力の一環として
entry fee:《タイトル》入場料	**move:** 措置、手立て	**experiment:** 実験、試験	**high volumes of:** 大量の、大勢の
destination: 目的地、行き先	**day-trip:** 日帰り旅行の	**for now:** 今のところ、差し当たり	**traffic:** 交通量、人の往来
peak days: 繁忙期、ハイシーズン	**official:**（政府機関などの）当局者		

ポーズのところで区切った日本語訳です。区切り聞きした英語の意味を確認するほか、日本語を見て区切られた部分ごとに英語に言い換える「反訳」の練習（日→英サイトトランスレーション）をすれば発信型の英語力がアップします。

American

世界で最も人気のある観光地のひとつが /
来年、入場料を徴収し始める予定だ。//

ベネチアへの訪問客は5ユーロ支払わなければならなくなる /
最盛期に入るのに /
もし彼らが一泊しない予定なら。//

さて、この措置は（2024年の）春のある時点でスタートするが /
ベネチアを世界で初めての都市にする /
日帰り訪問客に課金するということで。//

市当局は、この料金制度は今のところ試験的なものとしている /
観光客の往来の多さに対処するための。//

ワンポイント解説

□ 3行目の通貨単位 euro の複数形は euro、euros の2通りの形がある。

□ 7～8行目は〈make O C〉（O を C の状態にする）の形。C には名詞か形容詞（形容詞として使われる現在分詞や過去分詞なども含む）が置かれるが、今回は the first city...visitors という名詞句になっている。

□ベネチアでは近年、オーバーツーリズムも問題になっている。運河には水上バス、ゴンドラがあふれ水質汚染が進み、夏場には悪臭に悩まされる住民も少なくない。旅行客増加とともに家賃の高騰、犯罪の増加、交通の混雑が深刻化し、定住人口減少が進んでいる。ユネスコ（国連教育科学文化機関）は観光開発と自然災害で文化的価値を失おうとしているベネチアの「危機遺産」登録を検討していた。

アメリカ英語（厳密にはカナダ英語）です。まずは、ナチュラル音声を聞いて内容を推測しましょう。
次に、ページをめくって、ゆっくり音声（ポーズ入り）に進みましょう。

Ice Cream Made from Plastic Waste

An artist has taken a unique road towards recycling, with the world's first food made from plastic waste. The designer made vanilla ice cream using flavoring derived from the same kind of plastic found in bottles. Bacteria break down the plastic to the same molecule found in natural vanilla. It's not ready for human consumption, but there is hopes it kick-starts a debate about the looming global food crisis and urgent need to stop plastic pollution.

Aired on September 28, 2023

リスニングのポイント
解説：南條健助（桃山学院大学国際教養学部准教授）

弱く発音されるan、and、in、thanなどが [n]の音だけになってしまうことがある。

7〜8行目のand urgent
[ナーヂュン（ト）]

弱く発音される an、and、in、than などが [n] の音だけになってしまうことがあります。ここでは、and urgent において、and が [n] の音だけになっており、すぐ後ろに続く urgent の最初の母音とつながって、[ナーヂュン（ト）]

のように聞こえます。ほかにも、eat an apple が [イーッ・ンナーポー] のように、cup and saucer が [カプンサーサー] のように、not in a hurry が [ナーッ・ンナハーリー] のように、taught in class が [ターッ・ンクラース] のように、worse than が [ワースン] のように聞こえることがあります。なお、[n] の前の弱い母音も発音された場合には、eat an apple が [イーラナーポー] のように、not in a hurry が [ナーレナハーリー] のように、taught in class が [ターレンクラース] のように聞こえます。

プラスチックごみから食品を作る試みは
世界で初めてのことです。

プラスチックごみから
アイスクリームが作れる!?

あるアーティストがユニークなリサイクル法を取り、世界で初めてプラスチックごみから食品を作り出しました。このデザイナーは、ペットボトルに含まれるのと同種のプラスチックから抽出した香味料を使い、バニラアイスクリームを作りました。そのプラスチックは、バクテリアにより、天然バニラに含まれるのと同じ分子に分解されます。このアイスはまだ人が食せるようにはなっていませんが、それによって、迫りくる地球規模の食糧危機についての議論や、プラスチック汚染に歯止めをかける緊急の必要性についての議論に弾みをつけることが期待されています。

（2024年2月号掲載）（訳　石黒円理）

重要ボキャブラリー

- [ ] **flavoring**　香味料、フレーバー
  [fléivəriŋ]
- [ ] **molecule**　分子
  [mάləkjù:l | mɔ́li-]
- [ ] **consumption**　飲食、食物摂取
  [kənsʌ́mpʃən]
- [ ] **urgent**　緊急の、差し迫った
  [ə́:rdʒnet]
- [ ] **pollution**　汚染、公害
  [pəlú:ʃən]

ニュースのミニ知識

プラスチックごみといえば分解するのが難しい厄介なものというイメージを抱く人は多い。しかし、このニュースは、プラスチックごみは本当にどうしようもないものか疑問を呈した人物によりもたらされた成果を報じている。その人物はロンドン芸術大学セントラル・セント・マーチンズ校に通う大学院生のエレオノーラ・オルトラーニ氏で、彼は、修士課程の修了プロジェクトとして「Guilty Flavours（罪の味）」と題した研究を行った。

ゆっくり音声の適切な個所にポーズ（無言の間）が入れてあります。区切り聞きしてみましょう。
また、ポーズのところで、直前に聞き取った英語を自分で声に出すシャドーイング練習をしてみましょう。
自信がついたら、ポーズなしのゆっくり音声で、さらにはナチュラル音声でも練習してみてください。

An artist has taken a unique road towards recycling,/
with the world's first food made from plastic waste.//

The designer made vanilla ice cream/
using flavoring derived from the same kind of plastic found in
bottles.//
Bacteria break down the plastic/
to the same molecule found in natural vanilla.//

It's not ready for human consumption,/
but there are hopes it kick-starts a debate/
about the looming global food crisis/
and urgent need to stop plastic pollution.//

語注

plastic waste: 《タイトル》プラスチックごみ	**flavoring:** 香味料、フレーバー	**molecule:** 分子	**looming:** 〈問題や危機などが〉迫ってきている
take a road: 道を選ぶ、道を進む	**derive A from B:** BからAを引き出す、抽出する	**consumption:** 飲食、食物摂取	**food crisis:** 食糧危機
recycling: 再生利用、リサイクリング	**bacteria:** 細菌、バクテリア	**kick-start:** 〜を始動させる、〜に弾みをつける	**urgent:** 緊急の、差し迫った
	break down A to B: AをBに分解する	**debate:** 議論	**pollution:** 汚染、公害

ポーズのところで区切った日本語訳です。区切り聞きした英語の意味を確認するほか、
日本語を見て区切られた部分ごとに英語に言い換える「反訳」の練習(日→英サイトトランスレーション)を
すれば発信型の英語力がアップします。

あるアーティストがユニークなリサイクリングへの道をとった /
プラスチックごみからできた世界初の食品を通じて。//

そのデザイナーはバニラアイスクリームを作った /
ペットボトルに含まれるのと同じ種類のプラスチックから抽出した香味料を
使って。//
バクテリアがそのプラスチックを分解する /
天然バニラに含まれるのと同じ分子に。//

そのアイスはまだ人が食せるまでには至っていない /
だが、それが議論に弾みをつけるという期待がある /
迫りくる地球規模の食糧危機について /
そして、プラスチック汚染を止める緊急の必要性について。//

American

ワンポイント解説

□ 4〜5行目は手段を表す分詞構文。by using... と言い換えられる。また、found in bottles は (as/that is) found... と考えるとよい。

□ 9行目は hopes と it の間に接続詞の that が省略されている。また、「ナチュラル音声」の CNN のアンカーは there is hopes... と言っているが、文法的には there are hopes... が適切。「ゆっくり音声」では are で収録されている。

□ オルトラーニ氏の研究では、プラスチック由来の香料から、バニラの香りの主要な成分を構成する「バニリン」の合成に成功したという。合成バニリン自体は珍しくないが、食品安全規制の観点からは、今回生成されたバニリンは、これまでにない新たな成分と位置づけられることになる。そのため、食品検査の結果により安全性が証明されるまで、プラスチック由来のバニラアイスが実際に食される機会はなさそうだ。

アメリカ英語です。まずは、ナチュラル音声を聞いて内容を推測しましょう。
次に、ページをめくって、ゆっくり音声（ポーズ入り）に進みましょう。

Worms Revived after 46,000 Years

Tiny roundworms that had been chilling below the Siberian permafrost for some 46,000 years are now up and moving again. Russian and German scientists say these frisky fellows were dug up in a deep dormant state from 40 meters—about 130 feet—below the ice. And after 46 millennia, just a few drops of water brought them back to life. It's called cryptobiosis.

Aired on July 30, 2023

TOEIC-style Questions
内容を正しく把握できたか、TOEIC® L&RテストPart 4形式の問題で確かめましょう。［正解は次ページ］

1. For how long had these roundworms been underground?

  (A) About 46 years

  (B) Around 130 years

  (C) Some 6,000 years

  (D) Over 40,000 years

2. What was the state of the round-worms at the time of this news report?

  (A) They were dead.

  (B) They were dormant.

  (C) They had been frozen for research.

  (D) They were alive and active.

古代の線虫が
数滴の水でよみがえりました。

古代の線虫、
４万6000年の眠りから目覚める

シベリアの永久凍土の中で約４万6000年間凍り付いていた極小の線虫が、今や再び活発に動き回っています。ロシア人とドイツ人の科学者チームによれば、これらの元気いっぱいの子たちは凍土の地下40メートル——つまり約130フィート——から深い休眠状態で掘り出されました。そして、４万6000年の時を経ながら、ほんの数滴の水を垂らすだけで、この線虫たちはよみがえりました。これはクリプトビオシス（低温による休眠状態）と呼ばれます。

（2023年12月号掲載）（訳　編集部）

重要ボキャブラリー

☐ **revive**
[riváiv]
《タイトル》〜を生き返らせる

☐ **roundworm**
[ráundwə̀:m]
線虫、回虫

☐ **frisky**
[fríski]
活発な、エネルギッシュな

☐ **dormant**
[dɔ́:rmənt | dɔ́:mənt]
休眠状態の

☐ **millennium**
[miléniəm]
1000年間
（複数形は millennia）

TOEIC-style Questions の答え

1. （D）

2. （D）

設問の語注

underground 地下

at the time of 〜の時点で

freeze 〜を凍らせる

alive 生存している、活動的な

ゆっくり音声の適切な個所にポーズ（無言の間）が入れてあります。区切り聞きしてみましょう。
また、ポーズのところで、直前に聞き取った英語を自分で声に出すシャドーイング練習をしてみましょう。
自信がついたら、ポーズなしのゆっくり音声で、さらにはナチュラル音声でも練習してみてください。

Tiny roundworms that had been chilling below the Siberian permafrost for some 46,000 years/
are now up and moving again.//

Russian and German scientists say/
these frisky fellows were dug up/
in a deep dormant state/
from 40 meters—/
about 130 feet—/
below the ice.//

And after 46 millennia,/
just a few drops of water brought them back to life.//
It's called cryptobiosis.//

語注

worm: 《タイトル》(ミミズ、イモムシなどの) 虫	**roundworm:** 線虫、回虫	**frisky:** 活発な、エネルギッシュな	**dormant:** 休眠状態の
revive: 《タイトル》〜を生き返らせる	**chill:** 冷える、冷えて固まる	**fellow:** 《親しみを込めて》やつ、野郎	**millennium:** 1000年間　▶複数形は millennia。
tiny: とても小さい、極小の	**permafrost:** 永久凍土	**dig up:** 〜を掘り出す、掘り起こす	**cryptobiosis:** クリプトビオシス、乾眠
	up: 勢いよく、活発に		

ポーズのところで区切った日本語訳です。区切り聞きした英語の意味を確認するほか、
日本語を見て区切られた部分ごとに英語に言い換える「反訳」の練習(日→英サイトトランスレーション)を
すれば発信型の英語力がアップします。

American

シベリアの永久凍土の中で約4万6000年にわたって凍り付いていた極小の線
虫が /
今や再び活発に動き回っている。//

ロシア人とドイツ人の科学者たちによれば /
これらの元気いっぱいの子たちは掘り出された /
深い休眠状態で /
40メートルから―― /
つまり約130フィート―― /
凍土の下の。//

そして、4万6000年の時を経て /
ほんの数滴の水が、この線虫たちをよみがえらせた。//
これはクリプトビオシスと呼ばれる。//

ワンポイント解説

□ 1 ～ 3 行目は Tiny roundworms が主語で
are が動詞の文。that had...46,000 years は主
語を修飾する関係代名詞節になっている。

□最下行の cryptobiosis は crypt-（隠された）
と biosis（生命活動）を合わせた語で、厳しい
環境下の微生物が代謝を行わずに生きている状
態を指す。クコムシなどは水のない環境下でこ
の状態になるので「乾眠」とも呼ばれる。

□厳しい環境に対して仮死状態になることで耐
える生物は、クマムシなどが知られているが、
今回の線虫はこうした生物の中で最も長い期間
生き延びたのではないかと考えられている。動
き出した線虫は単為生殖で増え、数千匹に増加。
DNA の分析から新種だということも分かった。
研究チームは「生物がどのようにして厳しい環
境に適応してきたかの解明に役立つ可能性があ
る」と話しており、さらなる研究に期待がかかる。

アメリカ英語（厳密にはカナダ英語）です。まずは、ナチュラル音声を聞いて内容を推測しましょう。
次に、ページをめくって、ゆっくり音声（ポーズ入り）に進みましょう。

A Museum for Flops

A new museum in Washington is shining the spotlight on more than 150 products that flopped. The Museum of Failure showcases everything from fish-flavored water for cats to other inventions which just never caught on, Trump Steaks and Trump: The Game also included. The museum's organizer says the goal is to take away some of the stigma of failure.

Aired on September 8, 2023

TOEIC-style Questions
内容を正しく把握できたか、TOEIC® L&Rテスト Part 4 形式の問題で確かめましょう。[正解は次ページ]

1. About how many items are being shown in the museum in Washington?

   (A) About 50

   (B) Almost 100

   (C) 115

   (D) Over 150

2. What is the common characteristic of the items shown in the museum?

   (A) They have special types of lights.

   (B) They never sold well.

   (C) They were invented by famous people.

   (D) They were invented for pets.

「失敗博物館」は5年前
スウェーデンで初めて開かれました。

失敗は成功のもと、
「失敗博物館」が人気

ワシントンの新たな博物館は、失敗作となった150点以上の製品にスポット
ライトを当てています。「失敗博物館」はとにかく一度もヒットしなかったネ
コ用の魚風味の水をはじめとしたあらゆる発明品を展示しています、(肉ブラ
ンドの)「トランプ・ステーキ」や (ボードゲームの)「トランプ・ザ・ゲーム」
も含めて。この博物館の企画者いわく狙いは、失敗につきまとう不名誉をい
くらか取り払うことです。

(2024年1月号掲載)(訳　編集部)

重要ボキャブラリー

- flop
  [flɑp | flɔp]
  《タイトル》①大失敗
  ②〜が大失敗する
- failure
  [féiljər | féiljə]
  失敗
- showcase
  [ʃóukèis]
  〜を展示する、紹介する
- invention
  [invénʃən]
  発明、発明品
- stigma
  [stígmə]
  汚名、不名誉

TOEIC-style Questions の答え

1. (D)

2. (B)

設問の語注

common	共通の、一般的な
characteristic	特徴
sell well	よく売れる
invent	〜を発明する

ゆっくり音声の適切な個所にポーズ（無言の間）が入れてあります。区切り聞きしてみましょう。
また、ポーズのところで、直前に聞き取った英語を自分で声に出すシャドーイング練習をしてみましょう。
自信がついたら、ポーズなしのゆっくり音声で、さらにはナチュラル音声でも練習してみてください。

A new museum in Washington is shining the spotlight/
on more than 150 products that flopped.//

The Museum of Failure showcases/
everything from fish-flavored water for cats to other inventions/
which just never caught on,/
Trump Steaks and Trump: The Game also included.//

The museum's organizer says/
the goal is to take away some of the stigma of failure.//

語注

flop: 《タイトル》①大失敗 ②大失敗する shine the spotlight on: 〜にスポットライトを当てる、注目を浴びせる failure: 失敗	showcase: 〜を展示する、紹介する everything from A to B: AからBまで何もかも -flavored: 〜風味の、〜フレーバーの	invention: 発明、発明品 catch on: 人気が出る、普及する include: 〜を含む organizer: 主催者、企画者	take away: 〜を取り去る、取り除く stigma: 汚名、不名誉

ポーズのところで区切った日本語訳です。区切り聞きした英語の意味を確認するほか、
日本語を見て区切られた部分ごとに英語に言い換える「反訳」の練習(日→英サイトトランスレーション)を
すれば発信型の英語力がアップします。

American

ワシントンの新たな博物館が、スポットライトを当てている /
失敗作となった 150 点以上の製品に。//

「失敗博物館」は展示している /
ネコ用の魚風味の水をはじめとしたあらゆる発明品を /
それらは、とにかく一度もヒットしなかった /
「トランプ・ステーキ」や「トランプ・ザ・ゲーム」も含めて。//

この博物館の企画者いわく /
狙いは、失敗につきまとう不名誉をいくらか取り払うことだ。//

ワンポイント解説

□ 4 行目 everything の前には、showcases の
目的語となる名詞節を導く接続詞の that が省
略されている。

□ 6 行目の included は受動態で、直前の
which/that are が省略されていると考える。

□ 失敗博物館は 2017 年にスウェーデンで初め
て開かれ、その後ヨーロッパ各地で展示が行わ
れた。アメリカでは、ニューヨークやミネアポ
リスでも開催されている。museum(美術館・
博物館)というよりは exhibition(展示)に近い。
この企画を立ち上げたのはスウェーデンの精神
科医、サミュエル・ウエスト氏。同氏によると
この博物館の目的は、失敗の重要性を学び、体
験する機会を提供することだという。

アメリカ英語です。まずは、ナチュラル音声を聞いて内容を推測しましょう。
次に、ページをめくって、ゆっくり音声（ポーズ入り）に進みましょう。

"Harrys" Set New World Record

Hundreds of *Harry Potter* fans dressed up as the boy wizard to successfully break the world record for the most Harry Potters to gather in one place. A total of 1,748 people showed up at Hamburg City Hall, topping the previous world record of 997 costumed fans. Crowds were filled with people dressed in black capes, round glasses, and painted-on lightning bolts. No spells needed here to see how much these fans love the famous character.

Aired on August 28, 2023

TOEIC-style Questions

内容を正しく把握できたか、TOEIC® L&Rテスト Part 4 形式の問題で確かめましょう。[正解は次ページ]

1. What world record did these *Harry Potter* fans break?

(A) The largest number of *Harry Potter* fans in one place

(B) The most Harry Potters to appear in a show together

(C) The most Harry Potters in one place at the same time

(D) The largest *Harry Potter* fan club

2. How many costumed fans appeared at this event?

(A) A few hundred

(B) About 750

(C) Nearly 1,000

(D) Over 1,700

ハンブルク市庁舎に
1748人のファンが集まった。

ドイツに1748人の 「ハリー・ポッター」が集結

大勢の『ハリー・ポッター』ファンがその魔法使いの少年のコスプレをし、見事、一カ所に集まった最多のハリー・ポッターたちの世界記録を破りました。合計1748人が（ハリーに扮して）ハンブルク市庁舎に現れ、これは、（ハリーの）コスプレをしたファンが997人集まった前回の世界記録を上回りました。集まった人々はこぞって黒いケープを羽織り、丸眼鏡をかけ、（額に）稲妻が描いてありました。ここでは、このファンたちがその有名なキャラクターをいかに愛しているかを理解するのに呪文など要りません。

（2024年1月号掲載）（訳　編集部）

重要ボキャブラリー

- [ ] **set a record**
  [rékərd]
  《タイトル》記録を打ち立てる
- [ ] **dress up as**
  [drés]
  〜の格好をする、〜に扮する
- [ ] **wizard**
  [wízərd]
  魔法使い
- [ ] **previous**
  [prí:viəs]
  前の、これまでの
- [ ] **costumed**
  [kástu:md | kɔ́stʃu:-]
  コスチュームを着た

TOEIC-style Questions の答え

1. (C)

2. (D)

設問の語注

appear	現れる、登場する
at the same time	同時に
nearly	ほぼ〜、〜近く

ゆっくり音声の適切な個所にポーズ（無言の間）が入れてあります。区切り聞きしてみましょう。
また、ポーズのところで、直前に聞き取った英語を自分で声に出すシャドーイング練習をしてみましょう。
自信がついたら、ポーズなしのゆっくり音声で、さらにはナチュラル音声でも練習してみてください。

Hundreds of *Harry Potter* fans dressed up as the boy wizard/
to successfully break the world record/
for the most Harry Potters to gather in one place.//

A total of 1,748 people showed up at Hamburg City Hall,/
topping the previous world record of 997 costumed fans.//
Crowds were filled with people dressed in black capes, round
glasses, and painted-on lightning bolts.//

No spells needed here/
to see how much these fans love the famous character.//

語注

set a record: 《タイトル》記録を打ち立てる	**wizard:** 魔法使い	**a total of:** 合計〜の	**crowd:** 群衆、人の群れ
hundreds of: 何百もの、たくさんの	**successfully:** うまく、成功裏に	**top:** 〜を上回る、超える	**be filled with:** 〜でいっぱいである
dress up as: 〜の格好をする、〜に扮する	**break:** （記録を）破る	**previous:** 前の、これまでの	**(be) dressed in:** 〜を着ている
	gather: 集まる、集結する	**costumed:** コスチュームを着た	**spell:** 呪文、まじない

ポーズのところで区切った日本語訳です。区切り聞きした英語の意味を確認するほか、
日本語を見て区切られた部分ごとに英語に言い換える「反訳」の練習(日→英サイトトランスレーション)を
すれば発信型の英語力がアップします。

American

大勢の『ハリー・ポッター』ファンがその魔法使いの少年のコスプレをし /
見事、世界記録を破った /
一カ所に集まった最多のハリー・ポッターたちの。//

合計1748人が(ハリーに扮して)ハンブルク市庁舎に現れた /
これは、コスプレをしたファン997人集まった前回の世界記録を上回った。//
集まった人々はこぞって黒いケープを羽織り、丸眼鏡をかけ、(額に)稲妻が
描いてあった。//

ここでは呪文など要らない /
このファンたちがその有名キャラクターをどれだけ大好きか知るのに。//

ワンポイント解説

□ 6行目の dressed in は受動態で、直前の who were が省略されていると考える。

□ 最後の文は不完全文で、No spells (are) needed here... ということ。spell(呪文)という語を使っているのは、ハリー・ポッターの話をしているため。

□ このイベントはハリー・ポッターの出版25周年を記念して開催された。1997年に刊行が始まった『ハリー・ポッター』は世界で累計発行部数6億部を記録する大人気シリーズ。2023年はリリースされたゲームが発売から2週間で1200万本売れるヒットとなるなど、書籍刊行開始から四半世紀たった今でも根強い人気を誇っている。日本でも映画を特集した展示施設が始まり、話題となった。

アメリカ英語 (厳密にはカナダ英語) です。まずは、ナチュラル音声を聞いて内容を推測しましょう。
次に、ページをめくって、ゆっくり音声 (ポーズ入り) に進みましょう。

New Dictionary Entries

The English language continues to evolve, and Merriam-Webster is adding new words to its dictionary to prove it. This year, the company's added nearly 700 words, acronyms, and phrases to the dictionary. And they include the phrase *chef's kiss*, meaning a gesture of satisfaction or approval. There's also *rizz*, a slang word for romantic appeal or charm—kind of like an abbreviation of *charisma*. Another new word is *bussin'*, an African-American slang term to describe something truly good or delicious.

Aired on September 28, 2023

TOEIC-style Questions
内容を正しく把握できたか、TOEIC® L&Rテスト Part 4 形式の問題で確かめましょう。[正解は次ページ]

1. What kind of items were added to Merriam-Webster's dictionary?

(A) Acronyms

(B) Phrases

(C) Words

(D) All of the above

2. Which newly added expression means the same as very good?

(A) *Rizz*

(B) *Chef's kiss*

(C) *Bussin'*

(D) *Charisma*

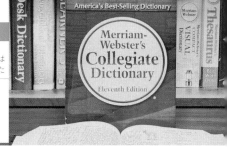

2003年刊行の『Collegiate Dictionary』第11版には全体で10万を超える変更が加えられた

米メリアム・ウェブスターの辞書に690の新語追加

英語という言語は進化し続けており、メリアム・ウェブスター社はその証しとして、新たな言葉を自社が出版する辞書に加えたところです。今年は700近くの単語や頭字語、および成句が同辞書に追加されました。その中には、満足や称賛のジェスチャーを意味するchef's kissという成句も含まれています。さらに、恋愛において相手を引きつける力や魅力を表す俗語rizzも入っています——これはcharismaの略語のようなものです。もうひとつ新しく加わった語にbussin'があり、こちらは本当に素晴らしい、またはおいしいものを形容するアフリカ系アメリカ人の間の俗語です。

（2024年2月号掲載）（訳　石黒円理）

重要ボキャブラリー

□ **entry** [éntri]	《タイトル》(辞書の)見出し語
evolve [iválv | ivólv]	進化する、変化する
acronym [ǽkrənìm]	頭字語(複数の単語の頭文字をつないで作られた語のこと)
□ **satisfaction** [sæ̀tisfǽkʃən]	満足
□ **abbreviation** [əbə̀rì:viéiʃən]	略語

TOEIC-style Questions の答え

1. (D)

2. (C)

設問の語注

item	項目
the above	上記のもの、上述したこと
newly	最近、新たに
expression	語句、表現

ゆっくり音声の適切な個所にポーズ（無言の間）が入れてあります。区切り聞きしてみましょう。
また、ポーズのところで、直前に聞き取った英語を自分で声に出すシャドーイング練習をしてみましょう。
自信がついたら、ポーズなしのゆっくり音声で、さらにはナチュラル音声でも練習してみてください。

The English language continues to evolve,/
and Merriam-Webster is adding new words to its dictionary to prove it.//

This year,/
the company's added nearly 700 words, acronyms, and phrases to the dictionary.//
And they include the phrase *chef's kiss*,/
meaning a gesture of satisfaction or approval.//

There's also *rizz*,/
a slang word for romantic appeal or charm—/
kind of like an abbreviation of *charisma*.//
Another new word is *bussin'*,/
an African-American slang term to describe something truly good or delicious.//

語注

entry:《タイトル》(辞書の) 見出し語	**nearly:** ほぼ、もう少しで	**satisfaction:** 満足	**charm:** 魅力
evolve: 進化する、変化する	**acronym:** 頭字語 ▶複数の単語の頭文字をつないで作られた語のこと。	**approval:** 称賛、承認	**abbreviation:** 略語
Merriam-Webster: メリアム・ウェブスター社		**slang:** 俗語、スラング	**term:** 用語
add A to B: BにAを追加する	**phrase:** 成句、語句	**appeal:** 人を引きつける力、訴求力	**describe:** 〜を表す、描写する

ポーズのところで区切った日本語訳です。区切り聞きした英語の意味を確認するほか、
日本語を見て区切られた部分ごとに英語に言い換える「反訳」の練習(日→英サイトトランスレーション)を
すれば発信型の英語力がアップします。

English（American）

英語という言語は進化し続けている /
そしてメリアム・ウェブスター社はそれを証明するために、新たな言葉を同
社の辞書に加えている。//

今年 /
その会社は、700近くの単語や頭字語、および成句をその辞書に追加したと
ころだ。//
そしてこれらにはchef's kissという成句が含まれる /
それは満足や称賛のジェスチャーを意味する。//

さらにrizzもある /
（それは）恋愛においてアピールする力や魅力を表す俗語── /
charismaの略語のようなものだ。//
もうひとつの新しい語はbussin'で /
本当に素晴らしい、またはおいしいものを形容する、アフリカ系アメリカ人
の俗語だ。//

ワンポイント解説

□ 2行目の is adding は現在進行形。メリアム・
ウェブスター社がまさに今、新語を追加したと
ころである・追加する過程にあるというニュア
ンスが加えられている。

□ 5行目は現在完了形（has added）。2行目の
現在進行形と同様に、新語が「つい最近追加さ
れたばかりだ」というニュアンスを強調してい
る。

□ 米国最古の辞書出版社であるメリアム・ウェ
ブスター社は、2023年9月に690の新語を自
社の代表的な辞書へ追加すると発表した。新語
を辞書に採録するかどうかは「頻繁・広範・意
味のある」使用の3要件で判断され、はやり廃
りの激しい流行語、業界の専門用語、地域特有
の俗語などは除外される。あくまで「平均的な
成人が世の中で出合う可能性が高い言葉」を新
語として採用しているようだ。

アメリカ英語（厳密にはカナダ英語）です。まずは、ナチュラル音声を聞いて内容を推測しましょう。
次に、ページをめくって、ゆっくり音声（ポーズ入り）に進みましょう。

Promising **Cancer** Treatment

Some promising news released Thursday in the fight against melanoma: drugmakers Moderna and Merck say trial participants who had [a] melanoma fully removed had a 49-percent-lower risk of death or the cancer coming back when they took an experimental mRNA vaccine with the immunotherapy drug Keytruda. Now, the Food and Drug Administration first approved Keytruda in 2014 for the treatment of certain cancers, because it boosts the immune system's ability to detect and fight cancer cells.

Aired on December 15, 2023

TOEIC-style Questions

内容を正しく把握できたか、TOEIC® L&RテストPart 4形式の問題で確かめましょう。［正解は次ページ］

1. Which of the following would probably be most interested in this report?

(A) Drugmakers

(B) People with melanoma

(C) People with diseases of the immune system

(D) Officials of the Food and Drug Administration

2. What is Keytruda?

(A) An experimental vaccine

(B) A drugmaker

(C) An immunotherapy drug

(D) A kind of cancer

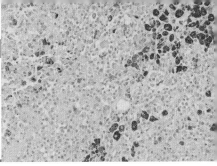

メラノーマ（悪性黒色腫）の治療に
新たな可能性が発表されました。

皮膚がんの治療に
ワクチン療法の可能性

メラノーマ（悪性黒色腫）との闘いにおいて期待できるニュースが木曜日に発表されました。製薬会社のモデルナとメルクによると、（治験前に）メラノーマを完全に切除された治験参加者が、試験段階にあるメッセンジャーRNAワクチンを免疫治療薬「キイトルーダ」と併せて接種した場合、（キイトルーダ投与のみの場合と比べて）死亡またはがん再発のリスクが49%低くなりました。さて、食品医薬品局はもともと、キイトルーダをいくつかの特定のがんの治療薬として2014年に承認しました。免疫系ががん細胞を見つけ出し、撃退する機能を高めるからです。

（2024年4月号掲載）（訳　石黒円理）

重要ボキャブラリー		TOEIC-style Questions の答え	
☐ **promising** [prámisiŋ | pró-]	《タイトル》前途有望な、期待できる	**1.**（B）	
☐ **treatment** [trí:tmənt]	《タイトル》治療、治療法	**2.**（C）	
☐ **trial participant** [pɑrtísəpənt | pɑː-]	治験者、治験参加者	設問の語注	
☐ **immune system** [imjú:n]	免疫システム、免疫系	（**be**）**interested in**	～に興味がある
		following	次の
☐ **detect** [ditékt]	～を見つける、検知する	**diseases**	病気

American

ゆっくり音声の適切な個所にポーズ（無言の間）が入れてあります。区切り聞きしてみましょう。
また、ポーズのところで、直前に聞き取った英語を自分で声に出すシャドーイング練習をしてみましょう。
自信がついたら、ポーズなしのゆっくり音声で、さらにはナチュラル音声でも練習してみてください。

Some promising news released Thursday/
in the fight against melanoma:/
drugmakers Moderna and Merck say/
trial participants who had a melanoma fully removed/
had a 49-percent-lower risk of death or the cancer coming back/
when they took an experimental mRNA vaccine/
with the immunotherapy drug Keytruda.//

Now, the Food and Drug Administration first approved Keytruda in 2014/
for the treatment of certain cancers,/
because it boosts the immune system's ability/
to detect and fight cancer cells.//

語注

promising:《タイトル》前途有望な、期待できる **treatment:**《タイトル》治療、治療法 **melanoma:** 悪性黒色腫、メラノーマ	**trial participant:** 治験者、治験参加者 **experimental:** 試験的な、試験段階にある **mRNA vaccine:** メッセンジャー RNA ワクチン	**immunotherapy:** 免疫療法 **the Food and Drug Administration:** 米国食品医薬品局 ▶略称FDA。 **certain:** ある、特定の	**boost:** 〜を強化する、高める **immune system:** 免疫システム、免疫系 **detect:** 〜を見つける、検知する **cancer cell:** がん細胞

American

ポーズのところで区切った日本語訳です。区切り聞きした英語の意味を確認するほか、
日本語を見て区切られた部分ごとに英語に言い換える「反訳」の練習(日→英サイトトランスレーション)を
すれば発信型の英語力がアップします。

期待できるニュースが木曜日に発表された /
メラノーマ（悪性黒色腫）との闘いにおいて /
すなわち、製薬会社のモデルナとメルクによると /
メラノーマを完全に切除された治験者は /
死亡またはがんが再発することのリスクが49%低かったのだ /
試験段階にあるメッセンジャー RNAワクチンを接種すると /
免疫治療薬「キイトルーダ」とともに。//

さて、米国食品医薬品局（FDA）はもともとキイトルーダを2014年に
承認した /
いくつかの特定のがんの治療目的で /
それはこの薬が免疫系の機能を高めるからだ /
がん細胞を見つけ出し、それと闘うための。//

ワンポイント解説

□ 1 〜 2 行目は不完全文。Some promising news (was) released Thursday... と考えるとよい。

□ 4 行目の had a melanoma fully removed は have...done（…を〜される、〜してもらう）の形をとる使役動詞の過去形。ここでは a melanoma を（外科医に）fully remove されたということ。

□製薬会社大手のメルクおよびモデルナ両社は、皮膚がんの一種であるメラノーマ（悪性黒色腫）の治療において、メッセンジャー RNA（mRNA）ワクチンを従来の免疫薬と併用することで大幅な効果が見込めることを発表した。両社によると、免疫薬「キイトルーダ」のみを投与された患者に比べ、同薬と併せて mRNA ワクチンを投与された患者は、死亡または再発する確率が 49% 低かったという。

アメリカ英語（厳密にはカナダ英語）です。まずは、ナチュラル音声を聞いて内容を推測しましょう。
次に、ページをめくって、ゆっくり音声（ポーズ入り）に進みましょう。

Google Launches Gemini

Google has unveiled what it calls its most advanced artificial-intelligence model yet. The company is comparing its new offering, called Gemini, to existing AI models, like Open AI's ChatGPT, arguing its version is more capable. Google says Gemini's ability to take input from multiple types of media rather than just a single source means it could be used in all kinds of applications, from chatbots and phones to search engines and browsers.

Aired on December 7, 2023

TOEIC-style Questions

内容を正しく把握できたか、TOEIC® L&RテストPart 4形式の問題で確かめましょう。［正解は次ページ］

1. What is Gemini?

(A) A new AI model

(B) The new name for Google

(C) Google's new smartphone

(D) A new browser

2. According to this news report, what is Gemini being compared to?

(A) Chatbots

(B) AI models

(C) Search engines

(D) Internet browsers

ここ数年、人工知能モデルは
目覚ましい進歩を遂げています。

グーグルが
新しい生成AI「Gemini」を発表

American

グーグルはこれまでで最も高度な人工知能モデルと同社が称するものを発表しました。同社は、「Gemini」という名のその新サービスをオープンAI社のChatGPTのような既存のAIモデルと比較し、同社のバージョンのAIモデルがより優れていると主張しています。グーグルによると、ひとつの情報源だけでなく複数種のメディアから情報を取り込むというGeminiの能力は、チャットボットや電話から検索エンジンやブラウザに至るまで、さまざまな応用の可能性があることを意味するということです。

(2024年4月号掲載)（訳　編集部）

重要ボキャブラリー

☐ **launch** [lɔntʃ | lɔːntʃ]	《タイトル》～を開始する、発足させる	
☐ **unveil** [ʌnvéil]	～を発表する、初公開する	
☐ **offering** [ɔ́fəriŋ]	提供されるもの、売り物	
☐ **existing** [igzístiŋ]	既存の	
☐ **application** [æ̀plikéiʃən]	応用、使い道、アプリケーション	

TOEIC-style Questions の答え

1. （A）

2. （B）

設問の語注

browser	閲覧ソフト、ブラウザー
according to	～によると

ゆっくり音声の適切な個所にポーズ（無言の間）が入れてあります。区切り聞きしてみましょう。
また、ポーズのところで、直前に聞き取った英語を自分で声に出すシャドーイング練習をしてみましょう。
自信がついたら、ポーズなしのゆっくり音声で、さらにはナチュラル音声でも練習してみてください。

Google has unveiled/
what it calls its most advanced artificial-intelligence model yet.//

The company is comparing its new offering, called Gemini, to
existing AI models,/
like Open AI's ChatGPT,/
arguing its version is more capable.//

Google says/
Gemini's ability to take input from multiple types of media
rather than just a single source/
means it could be used in all kinds of applications,/
from chatbots and phones to search engines and browsers.//

語注

launch:《タイトル》～を開始する、発足させる	**artificial-intelligence:** 人工知能の ▶略称AI。	**offering:** 提供されるもの、売り物	**multiple:** 複数の
Gemini: ジェミニ ▶「ふたご座」の意。	**yet:**《最上級のあとで》これまでで	**existing:** 既存の	**A rather than B:** BでなくA
unveil: ～を発表する、初公開する	**compare A to B:** AをBと比較する	**argue (that):** ～だと主張する	**all kinds of:** さまざまな
		capable: 有能な	**application:** 応用、使い道、アプリケーション

ポーズのところで区切った日本語訳です。区切り聞きした英語の意味を確認するほか、
日本語を見て区切られた部分ごとに英語に言い換える「反訳」の練習(日→英サイトトランスレーション)を
すれば発信型の英語力がアップします。

グーグルは発表した /

これまでで最も高度な人工知能モデルと同社が称するものを。//

同社は、「Gemini」という名のその新サービスを既存のAIモデルと比較している /

オープンAI社のChatGPTのような(既存のAIモデルと)/

同社のバージョンがより優れていると主張する。//

グーグルによると /

ひとつの情報源だけでなく複数種のメディアから情報を取り込むというGeminiの能力は /

Geminiにはさまざまな応用の中で用いられる可能性があることを意味する /

チャットボットや電話から検索エンジンやブラウザに至るまで。//

ワンポイント解説

□ 2 行目の what it calls は挿入句と考えてよい。it は Google。「グーグルは、同社が〜と呼ぶものを発表した」ということ。

□ 7 行目の Google says に続く that 節(ただし that は省略されている)の文構造は、〈Gemini's ability...source〉が長い主語、means が述語動詞で、そのあとの that 節(ただし that は省略)が目的語。

□ グーグルが発表した新たな AI モデル「Gemini」は、文章に加えて画像や音声なども処理でき、適切な回答や提案ができる。このような文章、画像、音声などを同時に処理できる生成 AI はマルチモーダル AI と呼ばれている。グーグルはこの分野に力を入れることで、オープン AI やマイクロソフトに対抗する狙いがあると見られ、アメリカでは各社の開発競争がさらに激しくなっている。

アメリカ英語（厳密にはカナダ英語）です。まずは、ナチュラル音声を聞いて内容を推測しましょう。
次に、ページをめくって、ゆっくり音声（ポーズ入り）に進みましょう。

Auction of Painting by the Beatles

A painting the legendary Beatles made in the '60s while they were touring in Japan is going up for auction. Some experts believe the painting, known as *Images of a Woman*, is the only artwork made by all four Beatles. In the summer of 1966, the Beatles performed five shows in Tokyo and apparently spent some of their downtime in their hotel making the painting.

Aired on December 22, 2023

TOEIC-style Questions
内容を正しく把握できたか、TOEIC® L&Rテスト Part 4 形式の問題で確かめましょう。［正解は次ページ］

1. Where was this artwork created?

(A) In London

(B) In a Tokyo hotel

(C) In the Japanese countryside

(D) Onstage during a Beatles concert

2. What is thought to be unique about this artwork?

(A) It is a painting showing all four Beatles.

(B) It is a Beatles artwork made while they were on tour.

(C) It was created by all members of the band.

(D) It was made by the Beatles before they became famous.

4人全員で描いた作品は、
この1枚だけと考えられています。

ビートルズの４人が
日本公演中に描いた絵、競売に

伝説的存在であるビートルズが、60年代の日本ツアー中に制作した絵画が、オークションにかけられます。一部の専門家は、「イメージズ・オブ・ア・ウーマン」として知られるその絵が、ビートルズのメンバー４人全員で作成した唯一のアート作品だと考えています。1966年の夏、ビートルズは東京で５度の公演を行い、どうやらホテルでの休息時間の一部を費やして、この絵を描いたようです。

（2024年4月号掲載）（訳　編集部）

重要ボキャブラリー	
□ **legendary** [lédʒəndèri]	伝説的な
□ **expert** [ékspərt ｜ -pə:t]	専門家
□ **artwork** [á:twə̀:k]	美術品、芸術作品
□ **apparently** [epǽrəntli]	どうやら～らしい
□ **downtime** [dáuntàim]	休憩時間、休み時間

TOEIC-style Questions の答え	
1. (B)	
2. (C)	

設問の語注	
countryside	田舎、地方
unique	ただ一つだけの、固有の
create	～を作る
onstage	ステージ上の
show	～を表す、見せる

ゆっくり音声の適切な個所にポーズ（無言の間）が入れてあります。区切り聞きしてみましょう。
また、ポーズのところで、直前に聞き取った英語を自分で声に出すシャドーイング練習をしてみましょう。
自信がついたら、ポーズなしのゆっくり音声で、さらにはナチュラル音声でも練習してみてください。

A painting the legendary Beatles made in the '60s/
while they were touring in Japan/
is going up for auction.//

Some experts believe/
the painting, known as *Images of a Woman*, is the only artwork/
made by all four Beatles.//

In the summer of 1966,/
the Beatles performed five shows in Tokyo/
and apparently spent some of their downtime in their hotel making the painting.//

語注

auction:	tour:	artwork:	spend time doing:
《タイトル》①競売、オークション　②〜を競売にかける	ツアーする、ツアーを回る	美術品、芸術作品	〜して過ごす、〜して時間を費やす
painting:	go up for auction:	perform:	downtime:
《タイトル》絵、絵画	競売にかけられる	（コンサートなどを）する、行う	休憩時間、休み時間
legendary:	expert:	show:	
伝説的な	専門家	興行、ショー	
	(be) known as:	apparently:	
	〜として知られている	どうやら〜らしい	

American

ポーズのところで区切った日本語訳です。区切り聞きした英語の意味を確認するほか、
日本語を見て区切られた部分ごとに英語に言い換える「反訳」の練習(日→英サイトトランスレーション)を
すれば発信型の英語力がアップします。

伝説的存在であるビートルズが60年代に作成した絵画が /

日本でツアーを行っている間に /

オークションにかけられる。//

一部の専門家は考えている /

「イメージズ・オブ・ア・ウーマン」として知られるその絵は唯一のアート作品だと /

ビートルズのメンバー4人全員で作成された。//

1966年の夏 /

ビートルズは東京で5度の公演を行った /

そして、どうやらホテルで休息している時間の一部を費やして、この絵を描いたようだ。//

ワンポイント解説

□ 1〜3行目は、A painting...in Japan が主部、is going up for auction が述部の文。A painting のあとには目的格の関係代名詞 which/that が省略されており、the legendary Beatles 以下が A painting を修飾している。

□ 7行目の made は受動態で、直前の which/that was が省略されていると考える。

□ この作品は2024年2月、ニューヨークで競売にかけられ174万4000ドル(約2億5000万円)で落札された。絵が描かれた1966年の日本公演では、あまりの人気ぶりからメンバーは滞在中にホテルからの外出を禁止され、室内にこもりきりだったとされている。縦53センチ、横78センチの和紙に描かれた水彩画で、中央の白い丸の部分にメンバー4人の署名が入っている。

アメリカ英語です。まずは、ナチュラル音声を聞いて内容を推測しましょう。
次に、ページをめくって、ゆっくり音声 (ポーズ入り) に進みましょう。

Shohei Moves On

New threads for Japanese baseball superstar Shohei Ohtani as he dons the iconic jersey of the LA Dodgers. The 29-year-old, who's a two-time American League MVP, has signed a historic deal worth $700 million. He says he has one priority, though: winning, especially given the length of his contract.

Aired on December 6, 2023

TOEIC-style Questions
内容を正しく把握できたか、TOEIC® L&Rテスト Part 4 形式の問題で確かめましょう。[正解は次ページ]

1. How much is Shohei Ohtani's historic deal worth?

(A) $29 million

(B) $290 million

(C) $700 million

(D) $700 billion

2. According to this news report, what is Shohei Ohtani's main priority?

(A) Earning money

(B) Winning games

(C) Setting records

(D) Signing with the LA Dodgers

大谷翔平選手が
ドジャースに移籍しました。

大谷翔平、
史上最高額でドジャースへ！

日本人である野球のスーパースター・大谷翔平の新しい服が話題となっている。彼はロサンゼルス・ドジャースの象徴的なジャージに袖を通したのだ。この29歳は、2度のアメリカンリーグMVPを獲得しているのだが、彼は7億ドルという歴史的な契約を結んだ。ただし、彼によれば、特に契約期間の長さを考えると、優先事項はただ1つ、つまり勝つことだ。

（2024年3月号掲載）（訳　編集部）

重要ボキャブラリー

☐ **threads** [θredz]	《話》衣服
☐ **don** [dɑn | dɔn]	～を着る、着用する
☐ **iconic** [aikɑ́nik]	象徴的な
☐ **priority** [praiɔ́rəti]	優先事項
☐ **contract** [kɑ̀ntrækt]	契約

TOEIC-style Questions の答え

1.（C）

2.（B）

設問の語注

billion	10億
according to	～によると
earn	～を得る
set a record	記録を達成する

ゆっくり音声の適切な個所にポーズ（無言の間）が入れてあります。区切り聞きしてみましょう。
また、ポーズのところで、直前に聞き取った英語を自分で声に出すシャドーイング練習をしてみましょう。
自信がついたら、ポーズなしのゆっくり音声で、さらにはナチュラル音声でも練習してみてください。

New threads for Japanese baseball superstar Shohei Ohtani/
as he dons the iconic jersey of the LA Dodgers.//

The 29-year-old,/
who's a two-time American League MVP,/
has signed a historic deal/
worth $700 million.//

He says/
he has one priority, though: winning,/
especially given the length of his contract.//

語注

move on:	**jersey:**	**historic:**	**given:**
《タイトル》先へ進む、	ジャージ	歴史的な	～を考えると、考慮す
次へ進む	**two-time:**	**worth:**	ると
threads:	2度の	～の価値がある	**length:**
《話》衣服	**MVP:**	**priority:**	長さ、期間
don:	＝ most valuable	優先事項	**contract:**
～を着る、着用する	player　最優秀選手	**especially:**	契約
iconic:	**sign a deal:**	特に	
象徴的な	契約を結ぶ		

ポーズのところで区切った日本語訳です。区切り聞きした英語の意味を確認するほか、
日本語を見て区切られた部分ごとに英語に言い換える「反訳」の練習(日→英サイトトランスレーション)を
すれば発信型の英語力がアップします。

スーパースターである日本人野球選手・大谷翔平の新しい服が話題だ /
ロサンゼルス・ドジャースを象徴するジャージを彼が着るのだから。//

この29歳は /
彼はアメリカンリーグのMVPを2度獲得しているのだが /
歴史的な契約にサインした /
7億ドルの(契約に)。//

彼が言うには /
だが自分の優先事項はただ1つ、すなわち勝利だ /
特に、契約の長さを考えると。//

ワンポイント解説

□ 1行目の threads は単数形では糸や話の脈絡(SNSなどの「スレッド」)を意味する名詞だが、複数形では衣類の意味になる。ここでは「新しい服(ユニフォーム)」と「新しい話題」という2つの意味をかけている。

□ 6行目の worth $700 million は前の deal を修飾する形容詞句。deal の後の that is が省略された形となっている。

□ 大谷翔平選手の移籍先がドジャースに決まった。10年総額7億ドルという契約は、野球界のみならず北米スポーツ史上最高額の契約となった。2023年はアメリカンリーグのエンゼルスでMVPと本塁打王を獲得した大谷。ナショナルリーグのドジャースで獲得となれば、両リーグでのMVPは史上2人目、本塁打王は4人目の快挙となる。移籍後に結婚の発表も行い、新しい環境下でどんな活躍を見せるのか注目が集まる。

イギリス英語です。まずは、ナチュラル音声を聞いて内容を推測しましょう。
次に、ページをめくって、ゆっくり音声（ポーズ入り）に進みましょう。

New Island Forms in Japanese Waters

The world has a brand-new island. It was formed by an undersea volcanic eruption just days ago, according to Japan's Meteorological Agency. It rose up from the Pacific Ocean near the Japanese island of Iojima, around 1,200 kilometers south of mainland Japan. The agency says it has been recording volcanic activity in the area since last year.

Aired on November 10, 2023

リスニングのポイント
解説：南條健助（桃山学院大学国際教養学部准教授）

最近のイギリス英語には、アメリカ英語の影響を受けて、アクセントや発音が変化してきた語がある。

5行目のkilometers
[キ**ロ**メタズ]

最近のイギリス英語には、アメリカ英語の影響を受けて、アクセントや発音が変化してきた語があります。kilometerは、イギリス英語では、従来、第1音節にアクセントがある［**キ**ラミー

タ］のように聞こえる発音が一般的でしたが、最近では、アメリカ英語と同様に、第2音節にアクセントがある発音の方が、より一般的になりました（ただし、kilogramやkiloliterは、英米共に第1音節にアクセントが置かれますし、millimeterやcentimeterも同様です）。また、Asiaやnewspaperに含まれるsの文字は、イギリス英語では、従来、濁らずに発音されるのが一般的でしたが、最近では、アメリカ英語と同様に、濁って発音される方が、より一般的になりました。

硫黄島の沖合で発生した噴火により
新島（矢印の位置）が生まれました。

硫黄島近海に
新しい島が誕生

世界に新しい島が出現しました。日本の気象庁によると、この島はほんの数日前に海底の火山噴火によってできたばかりです。新たな島は、日本本土の約1200キロ南方にある、同国の硫黄島付近の太平洋海中から隆起しました。気象庁は、この海域では昨年から火山活動が継続的に記録されてきたと述べています。

（2024年3月号掲載）（訳　石黒円理）

British

重要ボキャブラリー

- ☐ **brand-new**　真新しい、できたばかりの
  [brǽndnjúː | -núː]
- ☐ **undersea**　海底の、海中の
  [ʌ́ndərsìː]
- ☐ **volcanic eruption**　火山噴火
  [irʌ́pʃən]
- ☐ **Meteorological Agency**　《日本》気象庁（正式名称はJapan Meteorological Agency）
  [mìːtiərəlɔ́dʒikəl]
- ☐ **mainland**　本土
  [méinlənd | -læ̀nd]

ニュースのミニ知識

東京の南約1200キロに位置する小笠原諸島硫黄島の沖合に新たな島が生まれた。2023年10月下旬に発生した海底火山の噴火により、硫黄島の南沿岸に火山灰や岩石が堆積。同年11月の観測では、弱いながらも継続した噴火活動により南北400メートルの大きさの島になっていた。しかし、海上保安庁が2024年2月に公開した画像によると、波による影響で浸食が進み、幅約25メートル、高さ約10メートルのアーチ状の陸地を残すのみになったと同庁は報告している。

ゆっくり音声の適切な個所にポーズ（無言の間）が入れてあります。区切り聞きしてみましょう。
また、ポーズのところで、直前に聞き取った英語を自分で声に出すシャドーイング練習をしてみましょう。
自信がついたら、ポーズなしのゆっくり音声で、さらにはナチュラル音声でも練習してみてください。

The world has a brand-new island.//
It was formed by an undersea volcanic eruption/
just days ago,/
according to Japan's Meteorological Agency.//

It rose up from the Pacific Ocean/
near the Japanese island of Ioto,/
around 1,200 kilometers south of mainland Japan.//

The agency says/
it has been recording volcanic activity in the area/
since last year.//

語注

island:	**brand-new:**	**Meteorological**	**the Pacific Ocean:**
《タイトル》島	真新しい、できたばか	**Agency:**	太平洋
form:	りの	《日本》気象庁　▶正	**mainland:**
《タイトル》①生じる、	**undersea:**	式　名　称　はJapan	本土
形を成す　②〜を形づ	海底の、海中の	Meteorological	**record:**
くる、形成する	**volcanic eruption:**	Agency。	〜を記録する
waters:	火山噴火	**rise up from:**	**volcanic activity:**
《タイトル》領海、水域	**just days ago:**	〜から立ち上がってく	火山活動
	つい先日	る、隆起する	

ポーズのところで区切った日本語訳です。区切り聞きした英語の意味を確認するほか、
日本語を見て区切られた部分ごとに英語に言い換える「反訳」の練習(日→英サイトトランスレーション)を
すれば発信型の英語力がアップします。

世界に真新しい島ができた。//
その島は海底の火山噴火によって形成された /
ほんの数日前に /
日本の気象庁によると。//

その島は太平洋から隆起した /
日本の硫黄島付近で /
日本本土の約1200キロ南方にある。//

気象庁は述べている /
同庁はこの海域での火山活動を記録し続けてきた /
昨年から。//

British

ワンポイント解説

□ 6行目の Ioto を「ナチュラル音声」の CNN のアンカーは Iojima と言っているが、現在の正式呼称は「いおうとう」。そのため、「ゆっくり音声」では Ioto と読んでいる。

□ 7行目は〈距離＋方角＋ of〉「〜から〔方角〕に〔距離〕離れた」の形で、場所を表す上で一般的な表現。

□ 名前の付く島の中で、日本で一番新しいのは西之島。東京湾から約1000キロの場所にあり、1973年と2013年以降の海底火山の噴火で噴き出した溶岩などによって大きくなった。以前は、植物や鳥などが確認されていたが2013年以降の噴火で島が溶岩に飲み込まれ、生物のいない島となった。現在は、どのように動植物や昆虫などが住みつき、生態系が作られていくのかという研究で世界が注目する場所となっている。

イギリス英語です。まずは、ナチュラル音声を聞いて内容を推測しましょう。
次に、ページをめくって、ゆっくり音声 (ポーズ入り) に進みましょう。

Swifties Cause Seismic Activity

Taylor Swift fans are taking things to a whole other level. After two nights of dancing and singing at Swift's Eras Tour concert in Seattle, a seismologist says the Swifties actually stirred up some seismic activity last weekend: an earthquake with a 2.3 magnitude. Taylor's Swift Quake is being compared to the Beast Quake 12 years ago. That's when Seattle Seahawks fans roared following an impressive touchdown by running back Marshawn "Beast Mode" Lynch.

Aired on July 28, 2023

TOEIC-style Questions

内容を正しく把握できたか、TOEIC® L&Rテスト Part 4 形式の問題で確かめましょう。[正解は次ページ]

1. What is reported to have happened when Taylor Swift performed in Seattle?

(A) Her fans caused seismic activity.

(B) Many of her fans left before the concert was over.

(C) Her concerts were cancelled after just two nights.

(D) Many Seattle Seahawks fans attended the concert.

2. What was the Beast Quake?

(A) A concert tour

(B) A 2.3-magnitude earthquake in Seattle

(C) The biggest earthquake in Seattle's history

(D) Seismic activity that happened during a sporting event

「エラズ・ツアー」は2024年2月
日本でも開催されました。

British

テイラー・スウィフトのファンが、地震を引き起こす!?

テイラー・スウィフトのファンたちが異次元のことをやっています。ある地震学者によると、「スウィフティーズ」は先週末、スウィフトの「エラズ・ツアー」のシアトル会場での歌とダンスのふた晩の後、実際にマグニチュード2.3の地震を引き起こしました。テイラーの「スウィフト・クウェイク」は12年前の「ビースト・クウェイク」と比較されています。その時はシアトル・シーホークスのファンたちが、ランニングバックのマーショーン・「ビーストモード」・リンチが見事なタッチダウンを決めたことで大歓声を上げました。

(2023年12月号掲載)(訳 編集部)

重要ボキャブラリー		TOEIC-style Questions の答え	
□ **seismic** [sáizmik]	《タイトル》地震の	**1.**（A）	
□ **stir up** [stə́ː	stə́ːr]	（騒ぎなどを）引き起こす	**2.**（D）	
□ **earthquake** [ə́ːθkwèik	ə́ːrθ-]	地震	設問の語注	
□ **roar** [rɔː	rɔr]	大声で叫ぶ、大歓声を上げる	**be over**	終わりである、終了している
□ **impressive** [imprésiv]	見事な、素晴らしい	**attend**	〜に出席する、参加する
		perform	〜を行う、演じる
		sporting	スポーツの、スポーツに関する

ゆっくり音声の適切な個所にポーズ（無言の間）が入れてあります。区切り聞きしてみましょう。
また、ポーズのところで、直前に聞き取った英語を自分で声に出すシャドーイング練習をしてみましょう。
自信がついたら、ポーズなしのゆっくり音声で、さらにはナチュラル音声でも練習してみてください。

Taylor Swift fans are taking things to a whole other level.//
After two nights of dancing and singing/
at Swift's Eras Tour concert in Seattle,/
a seismologist says/
the Swifties actually stirred up some seismic activity last weekend:/
an earthquake with a 2.3 magnitude.//

Taylor's Swift Quake is being compared to the Beast Quake 12 years ago.//
That's when Seattle Seahawks fans roared/
following an impressive touchdown by running back Marshawn "Beast Mode" Lynch.//

語注

Swifties: 《タイトル》スウィフティー ▶テイラー・スウィフトのファンたち	**Eras Tour:** エラズ・ツアー ▶スウィフトが2023年3月から開催しているツアー。	**earthquake:** 地震	**impressive:** 見事な、素晴らしい
seismic: 《タイトル》地震の	**seismologist:** 地震学者	**quake:** 揺れる、振動する	**touchdown:** 《アメフト》タッチダウン
a whole other: 全く別の〜、全く違う〜	**stir up:** （騒ぎなどを）引き起こす	**compare A to B:** AをBと比較する	**running back:** 《アメフト》ランニングバック ▶ボールを持ってランニングプレーをする攻撃のポジション。
		roar: 大声で叫ぶ、大歓声を上げる	

ポーズのところで区切った日本語訳です。区切り聞きした英語の意味を確認するほか、
日本語を見て区切られた部分ごとに英語に言い換える「反訳」の練習(日→英サイトトランスレーション)を
すれば発信型の英語力がアップします。

テイラー・スウィフトのファンたちは物事を全く別のレベルに持っていっている。//
歌とダンスのふた晩の後/
スウィフトの「エラズ・ツアー」のシアトル会場で/
ある地震学者が言うには/
「スウィフティーズ」は先週末、実際に地震活動を引き起こした/
マグニチュード2.3の地震を。//

テイラーの「スウィフト・クウェイク」は12年前の「ビースト・クウェイク」
と比較されている。//
その時はシアトル・シーホークスのファンたちが大歓声を上げた/
ランニングバックのマーショーン・「ビーストモード」・リンチが見事なタッ
チダウンを決めたことで。//

British

ワンポイント解説

□ 1行目の whole は副詞で「全く（別の）」と
いう強意の意味。

□ 最 後 の 文 に 出 て く る Marshawn "Beast
Mode" Lynch は、Marshawn Lynch が選手の名
前で、挿入されている "Beast Mode" はそのあ
だ名。「野獣、けもの」を意味する beast はス
ポーツなどの分野で、「他を圧倒する速さ・強さ」
の意味で使われることがある。

□ 2023年3月にアメリカでスタートしたエラ
ズ・ツアーは、テイラー・スウィフトにとって6
回目となるコンサートツアー。2024年12月ま
でに世界中で152公演を予定しており、5年ぶ
りの来日公演となった2月のイベントは日本で
も大きな話題となった。2023年末の時点で収益
は10億ドルを超えており、エルトン・ジョンの
引退ツアーを超えて史上最も収益の高い音楽イ
ベントとしてギネス記録を更新しているという。

イギリス英語です。まずは、ナチュラル音声を聞いて内容を推測しましょう。
次に、ページをめくって、ゆっくり音声（ポーズ入り）に進みましょう。

Rare Apple Sneakers Auctioned

This pair of ultrarare Apple sneakers is being auctioned off by Sotheby's. The white trainers with the classic rainbow-Apple logo on the tongue and the side were custom-made for the company's employees as a one-time giveaway at a national sales conference in the mid-1990s. The size-10-and-a-half trainers are new in their box but show some signs of aging. And starting at $50,000, the shoes are fetching a higher price tag than any current Apple product.

Aired on July 27, 2023

TOEIC-style Questions
内容を正しく把握できたか、TOEIC® L&Rテスト Part 4 形式の問題で確かめましょう。［正解は次ページ］

1. What is one reason why this pair of shoes is valuable?

   (A) Size-10-and-a-half shoes are very rare.

   (B) This pair was worn by Steve Jobs.

   (C) This is the only pair that was made.

   (D) Very few shoes of this type exist now.

2. What is reported about this pair of shoes?

   (A) Both shoes are in poor condition.

   (B) The shoes look like they were made just recently.

   (C) This pair has never been worn.

   (D) The shoes show signs of use.

このスニーカーは、アップル社が
従業員向けに特注したものです。

Appleロゴ入り特注品！
激レア・スニーカーが競売へ

この超レアなアップル社のスニーカーがサザビーズで競売にかけられています。クラシックな虹色のAppleのロゴが舌革と側面に入ったこの白のスニーカーは、一度きりの無料提供品として1990年代半ばに開催された全国販売会議の際にアップル社の従業員のために作られた特注品です。サイズが10.5のこのスニーカーは箱入りの新品ですが、多少経年劣化の兆候が見られます。そして5万ドルからスタートする競売で、この靴は、現在販売されているどのアップル製品よりも高い値が付く見込みです。

（2023年12月号掲載）（訳 編集部）

重要ボキャブラリー

☐ **trainer** [tréinərz]	《英》（一足の）運動靴、スニーカー
☐ **tongue** [tʌŋ]	（靴の）舌革、ベロ
☐ **custom-made** [kʌ́stəm-meid]	特注の、オーダーメードの
☐ **giveaway** [gívəwèi]	無料提供品
☐ **aging** [éidʒiŋ]	経年劣化、老朽化

TOEIC-style Questionsの答え

1. （D）
2. （C）

設問の語注

valuable	高価な、価値のある
exist	存在する
poor condition	悪い状態、劣悪な状態
recently	最近

This pair of ultrarare Apple sneakers is being auctioned off by Sotheby's.//

The white trainers with the classic rainbow-Apple logo on the tongue and the side/
were custom-made for the company's employees/
as a one-time giveaway/
at a national sales conference in the mid-1990s.//

The size-10-and-a-half trainers are new in their box/
but show some signs of aging.//
And starting at $50,000,/
the shoes are fetching a higher price tag than any current Apple product.//

語注

auction off: ～を競売で売り払う **Sotheby's:** サザビーズ ▶ニューヨークに本部を置く競売会社。 **trainers:** 《英》（一足の）運動靴、スニーカー	**tongue:** （靴の）舌革、ベロ **custom-made:** 特注の、オーダーメードの **employee:** 従業員 **one-time:** 一度きりの	**giveaway:** 無料提供品 **sales conference:** 販売会議 **show signs of:** ～の兆しを見せる **aging:** 経年劣化、老朽化	**fetch:** 《話》（ある値で）売れる、～の値になる **price tag:** 値札、値段 **current:** 現在の、現行の

ポーズのところで区切った日本語訳です。区切り聞きした英語の意味を確認するほか、
日本語を見て区切られた部分ごとに英語に言い換える「反訳」の練習(日→英サイトトランスレーション)を
すれば発信型の英語力がアップします。

このとても希少なアップルのスニーカーがサザビーズで競売にかけられている。//

クラシックな虹色のApple のロゴが舌革と側面に入ったこの白のスニーカーは/
アップル社の従業員のために作られた特注品だ/
一度きりの無料提供品として/
1990 年代半ばに開催された全国販売会議の際に。//

サイズが 10.5 のこのスニーカーは箱入りの新品だ/
だが、多少経年劣化の兆候が見られる。//
そして5万ドルからスタートとし/
この靴は、現在販売されているどのアップル製品よりも高い値段で落札されようとしている。//

British

ワンポイント解説

□日本語で「トレーナー」と言えば、厚手で長袖の運動着を指すが、英語の trainer にそのような意味はなく、sweatshirt や sweatpants のように言う。リポートの trainers は sneakers を指すイギリス英語。

□ 4 行目の tongue とは、足の甲の上、靴紐の結び目の下にある、まさに「舌」のような形状の部分（舌革）のこと。

□このスニーカーはアップルが従業員に進呈する目的で特注されたものだが、同社は 1986 年、「アップルコレクション」というブランドで衣類やアクセサリーを販売していた。同年発行されたカタログによると、シリーズ商品にはマグカップ、傘、バッグ、キーリングなどもあり、全てに Apple のロゴをあしらっていた。ちなみに 8 行目の「10.5」はインチ表記で、日本のサイズに換算すると 28.5 センチくらいになる。

NEWS **14** | ナチュラル音声［1回目］ **41** | ゆっくり音声［ポーズなし］ **43** | ナチュラル音声［2回目］ **76**

イギリス英語です。まずは、ナチュラル音声を聞いて内容を推測しましょう。
次に、ページをめくって、ゆっくり音声（ポーズ入り）に進みましょう。

Britain's New Coronation Coin

A new coin marking the coronation of King Charles is going into circulation in Britain today. The 50-pence coin will be distributed through banks and post offices across the country. It shows the profile of King Charles and the image of Westminster Abbey, where the coronation took place in May. This is the second coin in circulation with the king's image, but neither shows him wearing a crown, because that's traditionally reserved only for female monarchs.

Aired on August 10, 2023

TOEIC-style Questions
内容を正しく把握できたか、TOEIC® L&Rテスト Part 4形式の問題で確かめましょう。［正解は次ページ］

1. When did the newer coin go into circulation?

(A) On the day of this news report

(B) On the day before this news report

(C) In May of the year of this news report

(D) Just before King Charles's coronation

2. Why is King Charles shown on coins without a crown?

(A) Because he was only a prince when the coins were made

(B) Because Charles prefers not to wear a crown

(C) Because on coins, only female monarchs are shown wearing crowns

(D) Because each coin has an image of a crown on the other side

チャールズ国王の顔が
硬貨となるのは、これが2度目です。

チャールズ国王の
即位記念硬貨が流通開始

今日、英国でチャールズ国王の即位を記念した新しい硬貨が流通するように
なります。その50ペンス硬貨は、全国の銀行や郵便局を通じて流通すること
になります。硬貨に刻まれているのは、チャールズ国王の横顔とウェストミ
ンスター寺院の絵ですが、ここで5月に戴冠式が行われました。これはチャー
ルズ国王の顔が刻まれて流通する2枚目の硬貨となりますが、そのどちらの
肖像も王冠を戴いていません。なぜなら、それは伝統的に女性の君主だけの
特権とされているからです。

（2023年12月号掲載）（訳　編集部）

重要ボキャブラリー

☐ **coronation** [kɔ̀rənéiʃən]	《タイトル》①戴冠、即位　②戴冠式	
☐ **distribute** [distríbju(:)t]	〜を配布する、流通させる	
☐ **in circulation** [sə̀:kjəléiʃən | sə̀:rkjə-]	流通している	
☐ **traditionally** [trədíʃənəli]	伝統的に、慣例的に	
☐ **monarch** [mɔ́nək | mάnərk]	君主	

TOEIC-style Questions の答え

1. (A)

2. (C)

設問の語注

without	〜なしで
prefer to do	〜するのを好む
female	女性の
on the other side	反対側に

ゆっくり音声の適切な個所にポーズ(無言の間)が入れてあります。区切り聞きしてみましょう。
また、ポーズのところで、直前に聞き取った英語を自分で声に出すシャドーイング練習をしてみましょう。
自信がついたら、ポーズなしのゆっくり音声で、さらにはナチュラル音声でも練習してみてください。

A new coin marking the coronation of King Charles/
is going into circulation in Britain today.//

The 50-pence coin will be distributed/
through banks and post offices across the country.//
It shows the profile of King Charles and the image of
Westminster Abbey,/
where the coronation took place in May.//

This is the second coin in circulation with the king's image,/
but neither shows him wearing a crown,/
because that's traditionally reserved only for female monarchs.//

語注

coronation:《タイトル》①戴冠、即位 ②戴冠式	**distribute:** 〜を配布する、流通させる	**Westminster Abbey:** ウェストミンスター寺院 ▶英国国王の戴冠式が行われる場所。	**crown:** 王冠
mark: 〜を記念する	**across the country:** 全国で	**take place:** 行われる	**traditionally:** 伝統的に、慣例的に
go into circulation: 流通し始める	**profile:** 横顔	**(be) in circulation:** 流通している	**reserve A for B:** AをBのためだけに取っておく、AをB専用にする
			monarch: 君主

ポーズのところで区切った日本語訳です。区切り聞きした英語の意味を確認するほか、
日本語を見て区切られた部分ごとに英語に言い換える「反訳」の練習(日→英サイトトランスレーション)を
すれば発信型の英語力がアップします。

チャールズ国王の即位を記念した新しい硬貨が /

今日、英国で流通し始めようとしている。//

その50ペンス硬貨は流通することになる /

全国の銀行や郵便局を通じて。//

硬貨に刻まれているのはチャールズ国王の横顔とウェストミンスター寺院の絵だ /

ここで5月に戴冠式が行われた。//

これはチャールズ国王の肖像付きの硬貨として流通するものとしては2枚目となる /

だが、そのどちらでも国王は王冠を戴いてはいない /

なぜなら、それは伝統的に女性君主だけとされているからである。//

British

ワンポイント解説

□ 9行目の neither shows him wearing a crown の動詞 shows はここでは show...doing の形を取り、「…が〜しているのを見せる」の意。

□ 同行の neither は「チャールズ国王の横顔を刻んだ2枚の硬貨」を指す。つまりこの部分は「そのどちらも彼が王冠をかぶっているところを見せてはいない」が直訳。

□ イギリスの通貨はポンド。ペンスは通貨の補助単位として扱われ、100ペンスで1ポンドとなる。もともとは240ペンスで1ポンドとするレートが長く使用されていたが、国際化が進み外貨との取引を想定して1971年に今の形へ変更となった。それ以前は、間にシリングという補助単位があり、12ペンスが1シリング、20シリングが1ポンドと二十進法と十二進法が合わさった複雑なレートとなっていた。

NEWS **15**　ナチュラル音声［1回目］ Track **44**　ゆっくり音声［ポーズなし］ Track **46**　ナチュラル音声［2回目］ Track **77**

イギリス英語です。まずは、ナチュラル音声を聞いて内容を推測しましょう。
次に、ページをめくって、ゆっくり音声（ポーズ入り）に進みましょう。

Six Countries to Host 2030 World Cup

On Wednesday, football's governing body revealed the 2030 men's World Cup will be the first to be hosted by six countries across three continents. The next one will be held in North America, with Canada, the US, and Mexico all hosting matches. And in 2030, Spain, Morocco, and Portugal will cohost, with Uruguay, Paraguay, and Argentina all staging an opening match. The special setup is to mark 100 years since the first World Cup was actually held.

Aired on October 5, 2023

TOEIC-style Questions
内容を正しく把握できたか、TOEIC® L&Rテスト Part 4 形式の問題で確かめましょう。［正解は次ページ］

1. How many countries will host matches in the next men's World Cup?

(A) One

(B) Two

(C) Three

(D) Six

2. Which of the following countries will cohost the 2030 World Cup?

(A) Canada

(B) Mexico

(C) Spain

(D) The United States

前回の2022年大会は、
カタールで開催されました。

2030年サッカー W 杯は
３大陸６カ国開催に

水曜日、サッカーの統括団体（FIFA）が、2030年男子ワールドカップは３大陸
６カ国によって開催される初のワールドカップになると公表しました。次回
のワールドカップは北アメリカで開催され、カナダ、米国、メキシコの全て
で試合が開催されます。そして2030年はスペイン、モロッコ、ポルトガルが
共同開催しウルグアイ、パラグアイ、アルゼンチンの全てが開幕戦の場とな
ります。この特別な組み合わせは、実際に史上初のワールドカップが開催さ
れてから100周年を記念するものです。

（2024年2月号掲載）（訳　編集部）

British

重要ボキャブラリー

- **governing body** 運営団体
  [ɡʌ́vərniŋ]
- **reveal**（**that**） ～ということを明らかに
  [rivíːl | rivíl] する
- **continent** 大陸
  [kɔ́ntənənt]
- **cohost** 共同開催する
  [(co)hóust]
- **stage** （イベントなどを）開催
  [stéidʒ] する、催す

TOEIC-style Questions の答え

1.（C）

2.（C）

設問の語注

following 次の

ゆっくり音声の適切な個所にポーズ（無言の間）が入れてあります。区切り聞きしてみましょう。
また、ポーズのところで、直前に聞き取った英語を自分で声に出すシャドーイング練習をしてみましょう。
自信がついたら、ポーズなしのゆっくり音声で、さらにはナチュラル音声でも練習してみてください。

On Wednesday, /
football's governing body revealed/
the 2030 men's World Cup will be the first to be hosted by six
countries across three continents.//

The next one will be held in North America, /
with Canada, the US, and Mexico all hosting matches.//
And in 2030, /
Spain, Morocco, and Portugal will cohost, /
with Uruguay, Paraguay, and Argentina all staging an opening match.//

The special setup is to mark 100 years/
since the first World Cup was actually held.//

語注

host:	**governing body:**	**match:**	**special:**
《タイトル》～を主催す	運営団体	試合	特別な、特殊な
る、主催国を務める	**reveal (that):**	**cohost:**	**setup:**
(the) World Cup:	～ということを明らかに	共同開催する	構成、配置、仕組み
《タイトル》(FIFA) ワー	する	**stage:**	**mark:**
ルドカップ	**continent:**	（イベントなどを）開催	～を記念する
football:	大陸	する、催す	
《英》サッカー	**hold:**	**opening match:**	
	～を開催する	開幕戦、初戦	

ポーズのところで区切った日本語訳です。区切り聞きした英語の意味を確認するほか、
日本語を見て区切られた部分ごとに英語に言い換える「反訳」の練習(日→英サイトトランスレーション)を
すれば発信型の英語力がアップします。

British

水曜日 /

サッカーの統括団体(FIFA)が公表した /

2030年男子ワールドカップは3大陸6カ国によって開催される初のワールドカップになると。//

次回のワールドカップは北アメリカで開催され /

カナダ、米国、メキシコの全てで試合が開催される。//

そして2030年は /

スペイン、モロッコ、ポルトガルが共同開催し /

ウルグアイ、パラグアイ、アルゼンチンの全てが開幕戦の場となる。//

この特別な組み合わせは100周年を記念するものだ /

実際に史上初のワールドカップが開催されてから。//

ワンポイント解説

□ 5行目の The next one とは 2026 年大会の
こと。これに続く with...hosting... と次の文の
with...staging... はどちらも付帯状況を表す
〈with +名詞+ doing〉の形。

□ 10 行目 ...is to mark... は〈be to do〉の形で
「目的」を表す。

□ 初開催から 100 周年と節目の大会になる
2030 年の男子ワールドカップ。開幕戦の会場
のひとつは、ウルグアイの首都モンテビオにあ
るスタジアム「エスタディオ・センテナリオ」。
このスタジアムは 1930 年に行われた第 1 回大
会の決勝の舞台で、開催国のウルグアイがアル
ゼンチンに勝って優勝した。ウクライナが共催
に参加する可能性も報じられていたが、安全上
の懸念を理由に撤退を余儀なくされた。

オーストラリア英語です。まずは、ナチュラル音声を聞いて内容を推測しましょう。
次に、ページをめくって、ゆっくり音声（ポーズ入り）に進みましょう。

WHO Commission on Social Connection

Loneliness is a global health priority—that declaration coming from the World Health Organization this week. It launched a new commission on social connection to review the latest science and design strategies to help people make deeper social connections to combat loneliness. It's a big deal. Research shows that loneliness is linked to poor mental and physical health.

Aired on November 17, 2023

リスニングのポイント
解説：南條健助（桃山学院大学国際教養学部准教授）

最近のオーストラリア英語では、[ウア] に近く聞こえる二重母音が、[オー] に近く聞こえる長母音になることがある。

6行目のpoor
[ポー]

最近のオーストラリア英語では、[ウア] に近く聞こえる二重母音の代わりに、[オー] に近く聞こえる長母音が用いられるか、[ウーア] に近く聞こえる2音節の発音が用いられることが多く

なりました。どちらの発音が用いられるかは、語によって、あるいは話し手によって異なります。例えば、poorやsureでは、しばしば前者が用いられ、それぞれ [ポー、ショー] のように聞こえます。cure、pure、tourでは、しばしば後者が用いられ、それぞれ [キューア、ピューア、トゥーア] のように聞こえます。なお、[オア] に近く聞こえる二重母音も、[オー] のような長母音になるため、paw、pore、poorがすべて [ポー] のように、Shaw、shore、sureもすべて [ショー] のように聞こえます。

孤独は医学的見地からも
大きな問題であるようです。

孤独は心身に毒！
WHOが対策委員会を設置へ

孤独は世界的な保健上の優先課題である——そういう発表が今週、世界保健機関（WHO）よりなされました。WHOは、社会的つながりに関する新たな委員会を発足させました。同委員会では、（孤独に関する）最新の科学的知見を検討し、人々が社会的により深いつながりを築くことによって孤独感をなくせるようにするための解決策を立案するのが狙いです。これは重要な問題です。孤独と精神的また身体的な不調には関連があることが、研究で明らかになっています。

（2024年3月号掲載）（訳　石黒円理）

Australian

重要ボキャブラリー

☐ **commission**
[kəmíʃən]
《タイトル》委員会

☐ **loneliness**
[lóunlinəs]
孤独感、寂しさ

☐ **declaration**
[dèkləréiʃən]
宣言、発表

☐ **strategy**
[strǽtədʒi]
戦略、方策

☐ **combat**
[kəmbǽt]
〜と闘う、対抗する

ニュースのミニ知識

2023年11月15日、世界保健機関（WHO）はCommission on Social Connection（社会的つながりに関する委員会）を発足させることを発表した。この委員会は、社会的つながりの問題に関する世界的な共通認識を形成し、エビデンスに基づいた解決策を推進することを目的とするものである。メンバーは11人で構成され、日本からも加藤鮎子孤独・孤立対策担当大臣が参加している。

ゆっくり音声の適切な個所にポーズ（無言の間）が入れてあります。区切り聞きしてみましょう。
また、ポーズのところで、直前に聞き取った英語を自分で声に出すシャドーイング練習をしてみましょう。
自信がついたら、ポーズなしのゆっくり音声で、さらにはナチュラル音声でも練習してみてください。

Loneliness is a global health priority—/
that declaration coming from the World Health Organization/
this week.//

It launched a new commission on social connection/
to review the latest science/
and design strategies/
to help people make deeper social connections/
to combat loneliness.//

It's a big deal.//
Research shows/
that loneliness is linked to poor mental and physical health.//

語注

commission:《タイトル》委員会	declaration: 宣言、発表	最新の	big deal: 大事なこと、重要なこと
social connection:《タイトル》社会的なつながり	the World Health Organization: 世界保健機関 ▶略称WHO。	design: ～を設計する	research: 研究、調査
loneliness: 孤独感、寂しさ	launch: ～を始める、発足させる	strategy: 戦略、方策	be linked to: ～と関連がある、結びついている
priority: 優先事項	the latest:	review: ～を検討する、復習する	physical: 身体的な
		combat: ～と闘う、対抗する	

ポーズのところで区切った日本語訳です。区切り聞きした英語の意味を確認するほか、
日本語を見て区切られた部分ごとに英語に言い換える「反訳」の練習(日→英サイトトランスレーション)を
すれば発信型の英語力がアップします。

孤独は世界的な保健上の優先事項である―― /

そういう発表が世界保健機関(WHO)から出された /

今週。//

WHOは社会的つながりに関する新たな委員会を発足させた /

最新の科学を検討するために /

そして戦略を設計し /

人々がより深い社会的つながりを形成するのに役立つための /

孤独と闘うために。//

これは重大なことだ。//

研究は示している /

孤独は精神的・身体的な不健康と関連があると。//

Australian

ワンポイント解説

□ 5 行目は、to review the latest science と(to)
design strategies の 2 つの to 不定詞が、and によっ
て結ばれている。この 2 つは直前の social connection
ではなく、a new commission を修飾している。

□ 7 行目の to help people make deeper social
connections が形容詞用法で strategies を、to
combat loneliness は副詞用法で make deeper
social connections を修飾している。

□ Commission on Social Connection(社会的
つながりに関する委員会)の共同議長の 1 人で
あり、医学博士で公衆衛生学修士のビベック・
マーシー米公衆衛生局長官によると、孤独がも
たらす悪影響は、1 日に 15 本タバコを吸った
場合のそれに匹敵するという。長官は今後の 3
年間で、孤独が世界的な公衆衛生の優先課題と
して認識され、社会がその解決に向けて動き出
すよう促したいと語る。

オーストラリア英語です。まずは、ナチュラル音声を聞いて内容を推測しましょう。
次に、ページをめくって、ゆっくり音声 (ポーズ入り) に進みましょう。

Mountain of Unwanted Clothing

There is a pile of discarded clothing in the middle of a Chilean desert, and it is so big it can be seen from space—clothing that didn't sell in stores in the US, Europe, and Asia now ending up in landfills in the Atacama Desert. According to the United Nations, between 2000 and 2014, the average consumer bought 60-percent more clothing compared to 15 years ago, but now, each item is only kept half as long.

Aired on July 21, 2023

TOEIC-style Questions
内容を正しく把握できたか、TOEIC® L&RテストPart 4形式の問題で確かめましょう。[正解は次ページ]

1. Where is the huge pile of clothing that is mentioned in this news report?

   (A) In a North American desert

   (B) In Europe

   (C) In Chile

   (D) In Asia

2. According to this news report, how did typical consumers change in the 15 years up to 2014?

   (A) They bought twice as much clothing as they did 15 years before.

   (B) They reused clothing more than they did before.

   (C) They bought 60-percent less clothing than they did 15 years before.

   (D) They no longer kept clothing for as long as they used to.

衣類が不法投棄される場所として
有名になりつつあるチリ・アタカマ砂漠の一角。

チリの砂漠が
不法投棄された衣類の「墓場」に

あるチリの砂漠の真ん中に投棄された衣類が山積みになっており、それは宇宙からでも見えるほどの大きさになっています。すなわち、米国やヨーロッパ、アジアの店舗で売れ残った衣類が今、アタカマ砂漠にあるごみ廃棄場に行き着いているのです。国連によると、2000年から2014年の間に、平均的な消費者が購入した衣類の数は15年前（2000年）と比べて60％増加しました。しかし現在では、各衣服は（2000年の）たった半分の期間しか手元に置かれずに捨てられています。

（2023年11月号掲載）（訳　石黒円理）

Australian

重要ボキャブラリー		TOEIC-style Questions の答え
□ **unwanted** [ʌnwɔ́ntid]	《タイトル》不要な、求められていない	**1.**（C）
□ **a pile of** [páil]	～の山	**2.**（D）
□ **discarded** [diskáːrdid]	捨てられた、破棄された	

設問の語注	
huge	巨大な、大量の
mention	～について述べる
typical	典型的な
reuse	～を再利用する
no longer	もはや～でない

重要ボキャブラリー（続き）

□ **end up in** [énd]	最後には～に行き着く
□ **landfill** [lǽndfìl]	ごみ廃棄場、埋め立てごみ

ゆっくり音声の適切な個所にポーズ（無言の間）が入れてあります。区切り聞きしてみましょう。
また、ポーズのところで、直前に聞き取った英語を自分で声に出すシャドーイング練習をしてみましょう。
自信がついたら、ポーズなしのゆっくり音声で、さらにはナチュラル音声でも練習してみてください。

There is a pile of discarded clothing in the middle of a Chilean desert,/
and it is so big/
it can be seen from space—/
clothing that didn't sell in stores in the US, Europe, and Asia/
now ending up in landfills in the Atacama Desert.//

According to the United Nations,/
between 2000 and 2014,/
the average consumer bought 60-percent more clothing/
compared to 15 years ago,/
but now,/
each item is only kept half as long.//

語注

unwanted: 《タイトル》不要な、求められていない	**Chilean:** チリの	**landfill:** ごみ廃棄場、埋め立てごみ	**average:** 平均的な、一般的な
clothing: 《タイトル》衣類、衣料	**desert:** 砂漠	**the Atacama Desert:** アタカマ砂漠　▶南米	**consumer:** 消費者
a pile of: 〜の山	**be so...(that):** あまりにも…なので〜である	チリのアンデス山脈と太平洋の間に広がる海岸砂漠。	**compared to:** 〜と比べて
discarded: 捨てられた、破棄された	**end up in:** 最後には〜に行き着く		

ポーズのところで区切った日本語訳です。区切り聞きした英語の意味を確認するほか、
日本語を見て区切られた部分ごとに英語に言い換える「反訳」の練習（日→英サイトトランスレーション）を
すれば発信型の英語力がアップします。

あるチリの砂漠の真ん中に、捨てられた衣類の山がある /

そしてそれはあまりに大きいので /

宇宙からでも見えるほどだ―― /

米国やヨーロッパ、アジアの店舗で売れなかった衣類が /

今、アタカマ砂漠のごみ廃棄場に行き着いている。//

国連によると /

2000年から2014年の間に /

平均的な消費者が購入した衣類は60%増加した /

15年前に比べて /

しかし今や /

それぞれの衣服は、たった半分の期間しか手元に置かれない。//

Australian

ワンポイント解説

□ 2～3行目はいわゆる so...that 構文（とても…なので〜する）。big の後ろに that が省略されている。

□ 9行目の compared は過去分詞。compared to で「〜と比較して」という意味で、ここでは副詞句として、前行の bought 60-percent more clothing を修飾している。

□ アタカマ砂漠の一角で、毎年3万9000トンにも及ぶ衣類がたまり続けている。多くは中国やバングラデシュで委託生産され、主に先進国に出荷され、大量に売れ残った衣類で、砂漠に隣接する港湾都市イキケから運ばれている。イキケは1970年代にチリ政府により自由貿易地域に指定され、輸入時の関税が免除されている。そのため衣類のみならず、廃棄自動車や機械なども欧米やアジアから持ち込まれている。

オーストラリア英語です。まずは、ナチュラル音声を聞いて内容を推測しましょう。
次に、ページをめくって、ゆっくり音声（ポーズ入り）に進みましょう。

India Opts for More Female Lawmakers

In India, a landmark bill is now on the books that ensures more women are in government. The measure sets aside a third of the seats in India's lower house and state assemblies for women. Two hundred and fifteen lawmakers in the country's upper house voted in favor of the bill on Thursday. Women make up nearly half of India's 950 million registered voters but only 15 percent of lawmakers in Parliament and 10 percent of state assemblies.

Aired on September 22, 2023

TOEIC-style Questions
内容を正しく把握できたか、TOEIC® L&Rテスト Part 4形式の問題で確かめましょう。［正解は次ページ］

1. What proportion of India's Parliament are women?

   (A) Less than 10 percent

   (B) Just 15 percent

   (C) Nearly 30 percent

   (D) Almost 50 percent

2. What is the purpose of the new bill?

   (A) To limit the number of female lawmakers

   (B) To increase the number of female voters

   (C) To get more women in government

   (D) To give more power to state assemblies

インドのモディ首相は
女性の政治参加について積極的な姿勢で知られる。

インドが法律で
議員定数の３分の１を女性に

インドではこのたび、より多くの女性が統治に携わることを保証する画期的な法案が成立しました。この法案はインドの下院と各州議会の3分の1の議席を女性に割り当てるというものです。同国の上院議員215人が木曜日、この法案に賛成投票しました。インドの登録有権者9億5000万人のうち、女性はほぼ半数を占めますが、国会議員に占める割合はわずか15%、州議会では10%に過ぎません。

(2024年1月号掲載)(訳　石黒円理)

重要ボキャブラリー

☐ **lawmaker**　　　　《タイトル》(立法機構
　[lɔ́:meikər]　　　　の)議員
☐ **landmark**　　　　画期的な、重大な
　[lǽndmɑ̀:k │ -màrk]
☐ **measure**　　　　法案、法令
　[méʒə │ méʒər]
☐ **in favor of**　　　〜を支持して、〜に賛成
　[féivər]　　　　　して
☐ **Parliament**　　　議会、国会
　[pá:lmənt │ pɑ́rlə-]

TOEIC-style Questions の答え

1.（B）
2.（C）

設問の語注

proportion　　　　割合、比率
purpose　　　　　目的
limit　　　　　　〜を制限する
increase　　　　〜を増やす

ゆっくり音声の適切な個所にポーズ（無言の間）が入れてあります。区切り聞きしてみましょう。
また、ポーズのところで、直前に聞き取った英語を自分で声に出すシャドーイング練習をしてみましょう。
自信がついたら、ポーズなしのゆっくり音声で、さらにはナチュラル音声でも練習してみてください。

In India,/
a landmark bill is now on the books/
that ensures more women are in government.//

The measure sets aside a third of the seats in India's lower house and state assemblies for women.//

Two hundred and fifteen lawmakers in the country's upper house/
voted in favor of the bill/
on Thursday.//

Women make up/
nearly half of India's 950 million registered voters/
but only 15 percent of lawmakers in Parliament/
and 10 percent of state assemblies.//

語注

opt for:	bill:	set aside A for B:	in favor of:
《タイトル》〜を選ぶ、選択する	議案、法案	AをBに残しておく、確保する	〜を支持して、〜に賛成して
lawmaker:	be on the books:		make up:
《タイトル》（立法機構の）議員	法律化されている	lower house:	〜を構成する
	ensure (that):	下院	registered voters:
landmark:	〜であることを保証する、確実なものにする	state assembly:	登録有権者
画期的な、重大な	measure:	州議会	parliament:
	法案、法令	upper house:	議会、国会
		上院	

ポーズのところで区切った日本語訳です。区切り聞きした英語の意味を確認するほか、
日本語を見て区切られた部分ごとに英語に言い換える「反訳」の練習(日→英サイトトランスレーション)を
すれば発信型の英語力がアップします。

インドでは /
今、画期的な法案が成立した /
より多くの女性が統治に携わることを確実にする。//

この法案はインドの下院と各州議会の3分の1の議席を女性に割り当てることになる。//

同国の上院議員215人が /
この法案に賛成投票した /
木曜日に。//

女性は構成している /
インドの登録有権者9億5000万人のうち、ほぼ半数を /
だが、国会では議員のわずか15% /
また、州議会の10%に過ぎない。//

ワンポイント解説

□ 2行目の is on the books は、直訳で「記録に載っている」となる。公式に記載されている＝公に認められている、ということから、「法律として成立している」の意味で使われる。

□ 3行目の関係代名詞 that の先行詞は a landmark bill である。また、ensures の後には接続詞の that が省略されている。

□ 2023年9月、インドで女性の政治参加を促進する画期的な法案が成立した。アジアでは台湾において30年ほど前からクオータ制（立候補者につき女性候補の数を一定以上にすること）が採用され、女性総統が誕生するに至っているが、議席数の3分の1以上を女性に配分するというインドの試みは、かなり先進的と言える。

オーストラリア英語です。まずは、ナチュラル音声を聞いて内容を推測しましょう。
次に、ページをめくって、ゆっくり音声（ポーズ入り）に進みましょう。

Transformer-Style Robot Developed

A Japanese tech company has way too much time on its hands. It built a towering robot that looks [like] something straight out of the *Transformers*, standing over 4 meters tall [and] weighing 3.5 tons. A human operator can sit inside moving the arms and hands with joysticks. The robot can also switch to vehicle mode when needed. The company plans to sell the robots for nearly $3 million apiece.

Aired on October 3, 2023

TOEIC-style Questions
内容を正しく把握できたか、TOEIC® L&Rテスト Part 4形式の問題で確かめましょう。[正解は次ページ]

1. What can this robot do?

(A) Build towers

(B) Build vehicles

(C) Play video games

(D) Turn into a vehicle

2. About how much will it cost to buy one of these robots?

(A) $3 million

(B) $3.5 million

(C) $4 million

(D) $4.5 million

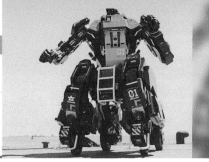

SF世界のようなロボットを
日本の企業が開発しました。

変形機能も搭載！
日本企業開発の搭乗型ロボット

ある日本のテック企業は時間をたっぷり持て余しています。その会社は、まさに『トランスフォーマー』から抜け出てきたような高さ4メートル以上、重さ3.5トンの巨大なロボットを造りました。人間の操縦者が中に座って腕や手を操作レバーで動かすことができます。このロボットは、必要に応じてビークル（乗り物）モードに変形することも可能です。同社はこのロボットを1台300万ドル近くの価格で販売する予定です。

（2024年2月号掲載）（訳　編集部）

Australian

重要ボキャブラリー		TOEIC-style Questions の答え	
□ **tech company** [ték kʌ́mpəni]	IT企業、テック企業	**1.** （D）	
□ **towering** [táuəriŋ]	高くそびえる	**2.** （A）	
□ **joystick** [dʒɔ́istìk]	操縦桿（かん）、操作レバー	設問の語注	
□ **switch to** [swítʃ]	〜に切り替わる	turn into	〜になる、変わる
□ **vehicle** [víːəkl]	車、車両	cost	（お金、費用などが）かかる
		million	100万

ゆっくり音声の適切な個所にポーズ（無言の間）が入れてあります。区切り聞きしてみましょう。
また、ポーズのところで、直前に聞き取った英語を自分で声に出すシャドーイング練習をしてみましょう。
自信がついたら、ポーズなしのゆっくり音声で、さらにはナチュラル音声でも練習してみてください。

A Japanese tech company has way too much time on its hands.//

It built a towering robot/
that looks [like] something straight out of the *Transformers*,/
standing over 4 meters tall/
[and] weighing 3.5 tons.//
A human operator can sit inside moving the arms and hands with joysticks.//

The robot can also switch to vehicle mode/
when needed.//
The company plans to sell the robots/
for nearly $3 million apiece.//

語注

Transformer:《タイトル》トランスフォーマー ▶映画『トランスフォーマー』シリーズに登場するロボット生命体。 tech company: IT企業、テック企業	have too much time on one's hands: 時間を持て余している way:《話》《副詞などを強めて》はるかに、ずっと towering: 高くそびえる	straight out of: まさに〜から出てきたような stand...tall: …の高さがある joystick: 操縦桿（かん）、操作レバー	switch to: 〜に切り替わる vehicle: 車、車両 mode:（機器の）動作様式、モード apiece: 1つにつき

ポーズのところで区切った日本語訳です。区切り聞きした英語の意味を確認するほか、
日本語を見て区切られた部分ごとに英語に言い換える「反訳」の練習(日→英サイトトランスレーション)を
すれば発信型の英語力がアップします。

ある日本のテック企業は時間をたっぷり持て余している。//

その会社は巨大なロボットを造った/
それはまさに『トランスフォーマー』から抜け出てきたようだ/
それは高さ4メートル以上/
重さ3.5トンである。//
人間の操縦者が中に座って腕や手を操作レバーを使って動かすことができる。//

このロボットはビークルモードに変形することも可能だ/
必要に応じて。//
同社はこのロボットを販売する予定だ/
1台300万ドル近くの価格で。//

ワンポイント解説

□ 6行目の sit...moving は〈自動詞+分詞(補語)〉の形で、ここでは、「座った状態で〜を動かすことができる」という意味。

□ 9行目の when needed は副詞節の when it is needed の it is を省略した形。

□このニュースで取り上げられているツバメインダストリ社は「サイエンスフィクションの世界を、サイエンスリアリティへ」という理念のもと、設立されたスタートアップ企業。ロボットの名前となる「アーカックス (ARCHAX)」は、社名のツバメと第一弾という意味合いを込めて、古代の鳥である始祖鳥 (Archaeopteryx) が由来となっている。将来的には重機など、実用的なロボットの開発も目指している。

Australian

オーストラリア英語です。まずは、ナチュラル音声を聞いて内容を推測しましょう。
次に、ページをめくって、ゆっくり音声（ポーズ入り）に進みましょう。

System of Synchronized Planets Found

Two planet-seeking satellites have made an astonishing find 100 light-years from Earth: a solar system of six planets whose orbits are synchronized with each other. That means for every six revolutions the innermost planet makes around its sun, the outermost makes one; and the inner planets synchronize as well. Astronomers say they believe all solar systems did this when they first formed but only a relative few still do.

Aired on November 30, 2023

TOEIC-style Questions
内容を正しく把握できたか、TOEIC L&R®テスト Part 4 形式の問題で確かめましょう。[正解は次ページ]

1. What are the orbits of these planets synchronized with?

   (A) Their sun

   (B) Each other

   (C) The satellites that found them

   (D) Earth's revolutions

2. How many solar systems are thought to now have this kind of synchronization?

   (A) All of them

   (B) Almost all of them

   (C) Very few of them

   (D) None of them

この惑星は、形成されて以来
ほとんど変わっていないと考えられています。

6つの惑星の軌道が共鳴!?
不思議な惑星系を発見

2つの惑星探査衛星が地球から100光年のところにあり軌道が互いに共鳴し合っている6つの惑星をもつ惑星系を発見をしました。つまり、最も内側にある惑星がその恒星を6周するごとに最も外側にある惑星が1周し、その（他の）内側の（4つの）惑星も共鳴しています。天文学者たちは形成された当初は惑星系は全てこうだったと考えられるが、今もそうなっているのは比較的少数だ、と話している。

（2024年4月号掲載）（訳　編集部）

<del>Australian</del>

重要ボキャブラリー		TOEIC-style Questions の答え	
☐ **synchronized** [síŋkrənàizd]	《タイトル》同期した、共鳴した	**1.** （B）	
☐ **satellite** [sǽtəlàit]	人工衛星	**2.** （C）	
☐ **astonishing** [əstɔ́niʃiŋ]	驚くべき	設問の語注	
☐ **solar system** [sóulər]	惑星系	**synchronization**	同時に起きること
☐ **astronomer** [əstrɔ́nəmə]	天文学者		

ゆっくり音声の適切な個所にポーズ（無言の間）が入れてあります。区切り聞きしてみましょう。
また、ポーズのところで、直前に聞き取った英語を自分で声に出すシャドーイング練習をしてみましょう。
自信がついたら、ポーズなしのゆっくり音声で、さらにはナチュラル音声でも練習してみてください。

Two planet-seeking satellites have made an astonishing find/
100 light-years from Earth:/
a solar system of six planets/
whose orbits are synchronized with each other.//

That means/
for every six revolutions the innermost planet makes around its sun,/
the outermost makes one;/
and the inner planets synchronize as well.//

Astronomers say/
they believe all solar systems did this/
when they first formed/
but only a relative few still do.//

語注

synchronized:《タイトル》同期した、共鳴した	**light-year:** 光年	**innermost:** 最も内側の	**astronomer:** 天文学者
make a find: 発見をする	**solar system:** 惑星系	**sun:** 恒星	**form:** ①生じる、形を成す ②〜を形づくる、形成する
satellite: 人工衛星	**orbit:** （天体の）軌道	**outermost:** 最も外側の	
astonishing: 驚くべき	**revolution:** 公転	**synchronize:** 同期する、共鳴する	**a relative few:** 比較的少数の

ポーズのところで区切った日本語訳です。区切り聞きした英語の意味を確認するほか、
日本語を見て区切られた部分ごとに英語に言い換える「反訳」の練習（日→英サイトトランスレーション）を
すれば発信型の英語力がアップします。

2つの惑星探査衛星が驚くべき発見をした／
地球から100光年のところにあるものに関して／
すなわち、6つの惑星をもつ惑星系で／
それらの惑星の軌道が互いに共鳴し合っているのだ。／／

というのはつまり／
最も内側にある惑星がその恒星を6周するごとに／
最も外側にある惑星が1周する／
そしてその内側の惑星も共鳴している。／／

天文学者たちは言う／
惑星系は全てこうだったと考えられる／
形成された当初は／
しかし今もそうなっているのは比較的少数だ、と。／／

Australian

ワンポイント解説

□3行目の a solar system... は、1～2行目の an astonishing find... と同格の関係にある名詞句。「…驚くべき発見をした。その発見とはすなわち、～という特徴を持つ1つの恒星系である」ということ。

□6行目の for every six... の for は、ここでは「～に対して、～ごとに」の意。

□地球と海王星の中間的な大きさを持つ惑星は亜海王星と呼ばれるが、その成り立ちなどは未だ分かっていない。今回、国際研究チームが、6つの亜海王星の惑星系を観測した。これらの惑星は、軌道が互いに共鳴し合っている軌道共鳴の関係にあり、形成時の軌道がそのまま残っていると考えられている。この発見は、亜海王星の形成過程を理解する上で重要な手がかりになると期待されている。

重要ボキャブラリーや語注として取り上げたものをまとめてあります。訳語の後ろの数字は、その語いが出てくるニュースの番号を示しています (例：N01=News 01)。そのニュースの文脈を思い出しながら覚えると、語いのニュアンスや使い方も身につきます。

A

- [ ] **a pile of:** 〜の山 N17
- [ ] **a relative few:** 比較的少数の N20
- [ ] **a total of:** 合計〜の N05
- [ ] **a whole other:** 全く別の〜、全く違う〜 N12
- [ ] **abbreviation:** 略語 N06
- [ ] **acronym:** 頭字語（複数の単語の頭文字をつないで作られた語のこと）N06
- [ ] **across the country:** 全国で N14
- [ ] **add A to B:** B に A を追加する N06
- [ ] **aging:** 経年劣化、老朽化 N13
- [ ] **all kinds of:** さまざまな N08
- [ ] **apiece:** 1 つにつき N19
- [ ] **apparently:** どうやら〜らしい N09
- [ ] **appeal:** 人を引きつける力、訴求力 N06
- [ ] **application:** 応用、使い道 N08
- [ ] **approval:** 称賛、承認 N06
- [ ] **argue that:** 〜だと主張する N08
- [ ] **artificial-intelligence:** 人口知能の（略称 AI）N08
- [ ] **artwork:** 美術品、芸術作品 N09
- [ ] **astonishing:** 驚くべき N20
- [ ] **astronomer:** 天文学者 N20
- [ ] **auction:** ①競売、オークション　②〜を競売にかける N09
- [ ] **auction off:** 〜を競売で売り払う N13
- [ ] **average:** 平均的な、一般的な N17

B

- [ ] **bacteria:** 細菌、バクテリア N02
- [ ] **be dressed in:** 〜を着ている N05
- [ ] **be filled with:** 〜でいっぱいである N05
- [ ] **be in circulation:** 流通している N14
- [ ] **be known as:** 〜として知られている N09
- [ ] **be linked to:** 〜と関連がある、結びついている N16
- [ ] **be on the books:** 法律化されている N18
- [ ] **be so...that:** あまりにも…なので〜である N17
- [ ] **big deal:** 大事なこと、重要なこと N16
- [ ] **bill:** 議案、法案 N18
- [ ] **boost:** 〜を強化する、高める N07
- [ ] **brand-new:** 真新しい、できたばかりの N11
- [ ] **break:**（記録を）破る N05
- [ ] **break down A to B:** A を B に分解する N02

C

- [ ] **call A B:** A を B と呼ぶ、見なす N01
- [ ] **cancer cell:** がん細胞 N07
- [ ] **capable:** 有能な N08
- [ ] **catch on:** 人気が出る、普及する N04
- [ ] **certain:** ある、特定の N07
- [ ] **charge:**（代金を）請求する N01
- [ ] **charm:** 魅力 N06
- [ ] **Chilean:** チリの N17
- [ ] **chill:** 冷える、冷えて固まる N03

- [ ] **clothing:** 衣類、衣料 N17
- [ ] **cohost:** 共同開催する N15
- [ ] **combat:** 〜と闘う、〜に対抗する N16
- [ ] **commission:** 委員会 N16
- [ ] **compare A to B:** A を B と比較する N08, N12
- [ ] **compared to:** 〜と比べて N17
- [ ] **consumer:** 消費者 N17
- [ ] **consumption:** 飲食、食物摂取 N02
- [ ] **continent:** 大陸 N15
- [ ] **contract:** 契約 N10
- [ ] **coronation:** ①戴冠、即位　②戴冠式 N14
- [ ] **costumed:** コスチュームを着た N05
- [ ] **crowd:** 群衆、人の群れ N05
- [ ] **crown:** 王冠 N14
- [ ] **cryptobiosis:** クリプトビオシス、乾眠 N03
- [ ] **current:** 現在の、現行の N13
- [ ] **custom-made:** 特注の、オーダーメードの N13

D

- [ ] **day-trip:** 日帰り旅行の N01
- [ ] **debate:** 議論 N02
- [ ] **declaration:** 宣言、発表 N16
- [ ] **derive A from B:** B から A を引き出す、抽出する N02
- [ ] **describe:** 〜を表す、描写する N06
- [ ] **desert:** 砂漠 N17
- [ ] **design :** 〜を設計する N16
- [ ] **destination:** 目的地、行き先 N01
- [ ] **detect:** 〜を見つける、検知する N07
- [ ] **dig up:** 〜を掘り出す、掘り起こす N03
- [ ] **discarded:** 捨てられた、破棄された N17
- [ ] **distribute:** 〜を配布する、流通させる N14
- [ ] **don:** 〜を着る、着用する N10
- [ ] **dormant:** 休眠状態の N03
- [ ] **downtime:** 休憩時間、休み時間 N09
- [ ] **dress up as:** 〜の格好をする、〜に扮する N05

E

- [ ] **earthquake:** 地震 N12
- [ ] **end up in:** 最後には〜に行き着く N17
- [ ] **ensure that:** 〜であることを保証する、確実なものにする N18
- [ ] **entry:**（辞書の）見出し語 N06
- [ ] **entry fee:** 入場料 N01
- [ ] **Eras Tour:** エラズ・ツアー（スウィフトが 2023 年 3 月から開催しているツアー）N12
- [ ] **especially:** 特に N10
- [ ] **everything from A to B:** A から B まで何もかも N04
- [ ] **evolve:** 進化する、変化する N06
- [ ] **existing:** 既存の N08
- [ ] **experiment:** 実験、試験 N01
- [ ] **experimental:** 試験的な、試験段階にある N07
- [ ] **expert:** 専門家 N09

F

- □ failure: 失敗 N04
- □ fellow:《親しみを込めて》やつ、野郎 N03
- □ fetch:《話》（ある値で）売れる、〜の値になる N13
- □ -flavored: 〜風味の、〜フレーバーの N04
- □ flavoring: 香味料、フレーバー N02
- □ flop: ①大失敗　②大失敗する N04
- □ food crisis: 食糧危機 N02
- □ football:《英》サッカー N15
- □ for now: 今のところ、差し当たり N01
- □ form: ①生じる、形を成す　②〜を形づくる、形成する N11, N20
- □ frisky: 活発な、エネルギッシュな N03

G

- □ gather: 集まる、集結する N05
- □ Gemini: ジェミニ（「ふたご座」の意）N08
- □ giveaway: 無料提供品 N13
- □ given: 〜を考えると、考慮すると N10
- □ go into circulation: 流通し始める N14
- □ go up for auction: 競売にかけられる N09
- □ governing body: 運営団体 N15

H

- □ have too much time on one's hands: 時間を持て余している N19
- □ high volumes of: 大量の、大勢の N01
- □ historic: 歴史的な N10
- □ hold: 〜を開催する N15
- □ host: 〜を主催する、主催国を務める N15
- □ hundreds of: 何百もの、たくさんの N05

I

- □ iconic: 象徴的な N10
- □ immune system: 免疫システム、免疫系 N07
- □ immunotherapy: 免疫療法 N07
- □ impressive: 見事な、素晴らしい N12
- □ in an effort to do: 〜しようとする中での、〜する努力の一環として N01
- □ in favor of: 〜を支持して、〜に賛成して N18
- □ include: 〜を含む N04
- □ innermost: 最も内側の N20
- □ invention: 発明、発明品 N04
- □ island: 島 N11

J

- □ jersey: ジャージ N10
- □ joystick: 操縦桿（かん）、操作レバー N19
- □ just days ago: つい先日 N11

K

- □ kick-start: 〜を始動させる、〜に弾みをつける N02

L

- □ landfill: ごみ廃棄場、埋め立てごみ N17
- □ landmark: 画期的な、重大な N18
- □ launch: 〜を開始する、発足させる N08, N16
- □ lawmaker:（立法機構の）議員 N18
- □ legendary: 伝説的な N09
- □ length: 長さ、期間 N10
- □ light-year: 光年 N20
- □ loneliness: 孤独感、寂しさ N16
- □ looming:〈問題や危機などが〉迫ってきている N02
- □ lower house: 下院 N18

M

- □ mainland: 本土 N11
- □ make a find: 発見をする N20
- □ make up: 〜を構成する N18
- □ mark: 〜を記念する N14, N15
- □ match: 試合 N15
- □ measure: 法案、法令 N18
- □ melanoma: 悪性黒色腫、メラノーマ N07
- □ Merriam-Webster: メリアム・ウェブスター社 N06
- □ Meteorogical Agency:《日本》気象庁（正式名称は Japan Meteorogical Agency）N11
- □ millennium: 1000 年間（複数形は millennia）N03
- □ mode:（機器の）動作様式、モード N19
- □ molecule: 分子 N02
- □ monarch: 君主 N14
- □ move: 措置、手立て N01
- □ move on: 先へ進む、次へ進む N10
- □ mRNA vaccine: メッセンジャー RNA ワクチン N07
- □ multiple: 複数の N08
- □ MVP: = most valuable player　最優秀選手 N10

N

- □ nearly: ほぼ、もう少しで N06

O

- □ offering: 提供されるもの、売り物 N08
- □ official:（政府機関などの）当局者 N01
- □ one-time: 一度きりの N13
- □ opening match: 開幕戦、初戦 N15
- □ opt for: 〜を選ぶ、選択する N18
- □ orbit:（天体の）軌道 N20
- □ organizer: 主催者、企画者 N04
- □ outermost: 最も外側の N20

P

- □ painting: 絵、絵画 N09
- □ parliament: 議会、国会 N18
- □ peak days: 繁忙期、ハイシーズン N01
- □ perform:（コンサートなどを）する、行う N09
- □ permafrost: 永久凍土 N03
- □ phrase: 成句、語句 N06
- □ physical: 身体的な N16
- □ plastic waste: プラスチックごみ N02
- □ pollution: 汚染、公害 N02
- □ previous: 前の、これまでの N05
- □ prive tag: 値札、値段 N13
- □ priority: 優先事項 N10, N16
- □ profile: 横顔 N14
- □ promising: 前途有望な、期待できる N07

Q

- □ quake: 揺れる、振動する N12

R

- [ ] **A rather than B**: B でなく A N08
- [ ] **record**: 〜を記録する N11
- [ ] **recycling**: 再生利用、リサイクリング N02
- [ ] **registered voters**: 登録有権者 N18
- [ ] **research**: 研究、調査 N16
- [ ] **reserve A for B**: A を B のためだけに取っておく、A を B 専用にする N14
- [ ] **reveal that**: 〜ということを明らかにする N15
- [ ] **review**: 〜を検討する、復習する N16
- [ ] **revive**: 〜を生き返らせる N03
- [ ] **revolution**: 公転 N20
- [ ] **rise up from**: 〜から立ち上がってくる、隆起する N11
- [ ] **roar**: 大声で叫ぶ、大歓声を上げる N12
- [ ] **roundworm**: 線虫、回虫 N03
- [ ] **running back**:《アメフト》ランニングバック（ボールを持ってランニングプレーをする攻撃のポジション）N12

S

- [ ] **sales conference**: 販売会議 N13
- [ ] **satellite**: 人工衛星 N20
- [ ] **satisfaction**: 満足 N06
- [ ] **seismic**: 地震の N12
- [ ] **seismologist**: 地震学者 N12
- [ ] **set a record**: 記録を打ち立てる N05
- [ ] **set aside A for B**: A を B に残しておく、確保する N18
- [ ] **setup**: 構成、配置、仕組み N15
- [ ] **shine the spotlight on**: 〜にスポットライトを当てる、注目を浴びせる N04
- [ ] **show**: 興行、ショー N09
- [ ] **show signs of**: 〜の兆しを見せる N13
- [ ] **showcase**: 〜を展示する、紹介する N04
- [ ] **sign a deal**: 契約を結ぶ N10
- [ ] **slang**: 俗語、スラング N06
- [ ] **social connection**: 社会的つながり N16
- [ ] **solar system**: 惑星系 N20
- [ ] **Sotheby's**: サザビーズ（ニューヨークに本部を置く競売会社）N13
- [ ] **special**: 特別な、特殊な N15
- [ ] **spell**: 呪文、まじない N05
- [ ] **spend the night**: 一夜を過ごす、泊まる N01
- [ ] **spend time doing**: 〜して過ごす、時間を費やす N09
- [ ] **stage**:（イベントなどを）開催する、催す N15
- [ ] **stand...tall**: …の高さがある N19
- [ ] **state assembly**: 州議会 N18
- [ ] **stigma**: 汚名、不名誉 N04
- [ ] **stir up**:（騒ぎなどを）引き起こす N12
- [ ] **straight out of**: まさに〜から出てきたような N19
- [ ] **strategy**: 戦略、方策 N16
- [ ] **successfully**: うまく、成功裏に N05
- [ ] **sun**: 恒星 N20
- [ ] **Swifties**: スウィフティー（テイラー・スウィフトのファンたち）N12
- [ ] **switch to**: 〜に切り替わる N19
- [ ] **synchronize**: 同期する、共鳴する N20
- [ ] **synchronized**: 同期した、共鳴した N20

T

- [ ] **take a road**: 道を選ぶ、道を進む N02
- [ ] **take away**: 〜を取り去る、取り除く N04
- [ ] **take place**: 行われる N14
- [ ] **tech company**: IT 企業、テック企業 N19
- [ ] **term**: 用語 N06
- [ ] **the Atacama Desert**: アタカマ砂漠（南米チリのアンデス山脈と太平洋の間に広がる海岸砂漠）N17
- [ ] **the Food and Drug Administration**: 米国食品医薬品局（略称 FDA）N07
- [ ] **the latest**: 最新の N16
- [ ] **the Pacific Ocean**: 太平洋 N11
- [ ] **the World Cup**:（FIFA）ワールドカップ N15
- [ ] **the World Health Organization**: 世界保健機関（略称 WHO）N16
- [ ] **threads**:《話》衣服 N10
- [ ] **tiny**: とても小さい、極小の N03
- [ ] **tongue**:（靴の）舌革、ベロ N13
- [ ] **top**: 〜を上回る、超える N05
- [ ] **touchdown**:《アメフト》タッチダウン N12
- [ ] **tour**: ツアーする、ツアーを回る N09
- [ ] **towering**: 高くそびえる N19
- [ ] **traditionally**: 伝統的に、慣例的に N14
- [ ] **traffic**: 交通量、人の往来 N01
- [ ] **trainers**:《英》（一足の）運動靴、スニーカー N13
- [ ] **Transformer**:『トランスフォーマー』シリーズに登場するロボット生命体 N19
- [ ] **treatment**: 治療、治療法 N07
- [ ] **trial participant**: 治験者、治験参加者 N07
- [ ] **two-time**: 2 度の N10

U

- [ ] **undersea**: 海底の、海中の N11
- [ ] **unveil**: 〜を発表する、初公開する N08
- [ ] **unwanted**: 不要な、求められていない N17
- [ ] **up**: 勢いよく、活発に N03
- [ ] **upper house**: 上院 N18
- [ ] **urgent**: 緊急の、差し迫った N02

V

- [ ] **vehicle**: 車、車両 N19
- [ ] **volcanic activity**: 火山活動 N11
- [ ] **volcanic eruption**: 火山噴火 N11

W

- [ ] **waters**: 領海、水域 N11
- [ ] **way**:《話》《副詞などを強めて》はるかに、ずっと N19
- [ ] **Westminster Abbey**: ウェストミンスター寺院（英国国王の戴冠式が行われる場所）N14
- [ ] **wizard**: 魔法使い N05
- [ ] **worm**:（ミミズ、イモムシなどの）虫 N03
- [ ] **worth**: 〜の価値がある N10

Y

- [ ] **yet**:《最上級のあとで》これまでで N08

本書のご購入者は、下記URLまたは QR コードから申請していただければ、
本書のMP3音声と電子書籍版 (PDF) を無料でダウンロードすることができるようになります。

申請サイト URL (ブラウザの検索窓ではなく「URL 入力窓」に入力してください)

https://www.asahipress.com/cnnnl/hn24twsh/

●スマートフォン/タブレットなどで音声再生をされる方は、App Store または
Google Play から右記のアイコンの音声再生アプリを端末にインストールして
ご利用ください。

[音声再生アプリ]
リスニング・トレーナー

●パソコンの場合は、通常お使いの音声再生ソフトをご利用ください。

【注意】
●PDF は本書の紙面を画像化したものです。
●本書初版第1刷の刊行日 (2024 年 4 月 10 日) より1年を経過した後は、告知なしに上記申請サイトを削除したりMP3音声・
電子書籍版 (PDF) の配布をとりやめたりする場合があります。あらかじめご了承ください。

［音声&電子書籍版付き］
CNN ニュース・リスニング 2024［春夏］

2024 年 4 月 10 日　初版第 1 刷発行

編　集	『CNN English Express』編集部
発行者	小川洋一郎
発行所	株式会社 朝日出版社
	〒 101-0065 東京都千代田区西神田 3-3-5
	TEL: 03-3263-3321　FAX: 03-5226-9599
	郵便振替 00140-2-46008
	https://www.asahipress.com（HP）　https://twitter.com/asahipress_com（ツイッター）
	https://www.instagram.com/cnn.ee（インスタグラム）
印刷・製本	シナノ印刷株式会社
DTP	有限会社 ファースト
音声編集	ELEC（一般財団法人 英語教育協議会）
表紙写真	USA TODAY Sports / ロイター / アフロ
装　丁	岡本 健 +